精神に障害のある人々の政策への参画

当事者委員が実践するアドボカシー

松本真由美
MATSUMOTO Mayumi

明石書店

はじめに

　地域活動支援センターで相談員をしていた頃の話である。ここの利用者さんは隣接する入居施設からが多く、平均年齢は60歳を超えていた。
　地活の仕事はとてもおもしろかった。日中活動として、スポーツやカラオケをしたり、おしるこや桜餅を作ったり、季節にあわせた行事を企画した。ある時、利用者さんから「日本の歴史を学びたい」という声があがった。利用者さんは前述のように入居施設の方が多い。ほとんどの方が身の回りのことはできるが、入居施設にいると、用意された食事を食べ、24時間室内で過ごすことが多かった。バスで外出することは可能でも、出かける人は少なく、週に1回われわれスタッフと行く買い物と4週に1回の通院が数少ないおでかけだった。ある時、利用者さんから日本史を学びたいという声が届いた。「日本人だから日本のことを知りたいんだよ。」と説明され、自分のルーツやアイデンティティを見つめたい利用者さんの思いに共感し、日本史の勉強会がスタートした。その頃から時々やりたいこと、やってほしいことを伝えていただけるようになった。

　ある時、50代の利用者Ａさんから入居施設を出て自宅に帰りたいという強い希望が出された。Ａさんがここに入った経緯を辿ると本人の希望ではなく、複雑な事情があった。本意ではないため、施設の生活に馴染めず、他入居者と話すことはほとんどなく、個室で寝ている生活だった。自分が作る卵焼きはおいしいが、ここの食事はまずいとおかずはほぼ食べず、入浴も望まず、1か月ぶりに入ると、固まった髪は何度シャンプーしても泡立たなかった。スタッフの間でＡさんの退所について検討したが、当初は生活能力の乏しさが課題となった。そこで、退所に向け、大好きな卵焼きを作る、服薬を自分で管理することを目標とした。しかし、たやすくはなかった。「ここでなんか卵焼きは作らない、家でなければ作らないんだから」と料理に関わろうとしなかった。
　空き家のまま時間が経過している自宅にＡさんが住めるかを検討するため、遠方の自宅に車で出向いた。着いた時には感激し、泣きそうな表情をしていた。ところが、あろうことか、鍵を忘れてきてしまった。もどれる距離ではな

いので、家の老朽化具合を外から点検し、日を改めることにした。後日、訪問すると畳がカビ、沈み、電化製品が使用できず、その後の見積もりでリフォームが高額になることがわかった。家に住むことは難しいが、滞在することはできるかもしれないので、家の近くにアパートを借り、時々家を訪ねることを提案するとＡさんから了解が得られた。アパートはすぐに決まった。病院についてはアパートの近くに転院することにした。以前通っていた病院である。ところが病院との間で一悶着あった。数年前Ａさんが入居施設に入所する際に、ここの医師が関わっていたことをわれわれスタッフは知らなかった。苦労して入居施設に入れたのに、そこから出すとは何ごとだと医者がＡさんとわたしを怒鳴りつけた。Ａさんの回復を喜ぶのではなく、残酷にも、施設に閉じ込めておけと言う発言をＡさんに聞こえるように言ったのである。精神科の患者さんは人としての尊厳をないがしろにされていることを痛感した。Ａさんは何も言わずに黙っていた。しかし、このままこの医師に診てもらうことが非常に心配になった。現在通院中の病院に病院送迎バスで通う方法はある。けれども、近所にでかけるのさえ、慣れないＡさんが一人でバスに乗れるだろうか。その時、これまで長くＡさんを支えてくれた保健師さんが、ヘルパーさんにバス乗り場までの送迎を頼もうと提案し、すぐ段取りをつけてくれた。

　Ａさんの引っ越しは雪の降る寒い朝だった。小さなストーブしかなく、人の住んでいなかった部屋は寒さが身に染みる。Ａさんは電話嫌いだから、電話の設置を頑に拒否し、われわれとの連絡のすべはない。とりあえずの食料を買い置き、Ａさんを一人残して帰る時は心底心配になった。明日来るからねと言ったけれど、数時間の間に突発的なことが起きないだろうか。ストーブに気をつけてと言って帰った。

　翌日、ドキドキしながらＡさんの部屋に入った。何ごともない普通の顔をしていた。台所には洗っていないフライパンと卵の殻があった。「おいしかった？」と聞くと、「おいしかった。」とつらっと言う。Ａさんの日常の暮らしが再開したのだ。心配するほどのことはなかった。スーパーまで歩くとすぐへこたれるけれど、なんとか暮らせそうだ。帰りがけＡさんがポツリと言った。「わたしはわたしの人生を生きている！」。なんてすてきなことばだろう。Ａさんは自分の人生を取り戻した。

精神疾患の経験のある方々の中には、生きられたはずの人生とは違う人生を生きなければならなかった人たちがいる。一生の中でも華やかな20代、30代、その先も、長く病院で暮らさなければならなかった人たちがいる。身体疾患であれば、治療し、治療が一区切りつけば自宅で療養し、社会生活へと戻っていく。精神疾患も同じような治療のプロセスを辿るなら長期入院は生じないはずである。

　精神疾患の経験のある人たちの中には、非常に分析力があり、現状を的確にことばで表現できる人たちがいる。彼らが体験したことや仲間たちの声、不利益を社会で共有することができれば精神保健福祉の領域は劇的に変わるだろう。

　大学院で上野武治先生のご指導をいただいていた時に、「精神保健福祉審議会ってあるでしょう。精神保健福祉のことを話し合う重要な会議で、これに当事者が入るべきだと思いますね。全精連（全国精神障害者団体連合会）の人たちが盛んに要望しているんだけどね」とおっしゃった。当時、わたしは精神科病院からの地域移行に関わるピアサポーターについてデータ収集を行っていた。ピアサポーターの有能さを知るにつけ、彼らが地域移行の中で安定的に活躍するためにはピアサポーターを含めた地域移行のしくみが必要と感じていた。そのしくみを個々のピアサポーターや専門職が築くには困難があり、たとえば、行政機関が地域移行の方向性を示し、精神科病院の協力を仰ぎ、ピアサポーターを適切に位置づければ、大きく発展すると考えた。こうした大きなしくみづくりについて審議できる場は地方精神保健福祉審議会である。この場に、精神疾患の経験のある当事者委員が参画すれば、当事者委員の意見を加味した精神保健福祉領域の制度・政策の策定が可能になることが予想できた。「全国でどのくらい当事者委員の参画があるのだろうね」と上野先生がおっしゃったことが、本研究の始まりである。

　時は障害者権利条約の批准に向け、障害のある人々の政策提言が盛んになされ、上げ潮ムードの頃で、地方における重要な会議にも当事者委員の参画が進むことが予想された。したがって、この研究は短期間で終了すると思われた。

　しかし、本書をお読みいただければ、予想とは違う展開になったことをご理

解いただけることと思う。

　本書は政策決定過程への精神障害当事者委員の参画を特に地方精神保健福祉審議会を中心に現況を分析したものである。本研究の究極の目的は精神に障害のある人々の生きられたはずの人生を再び手にすることを意図している。もしよろしければ、精神疾患のご経験のある方々、そのご家族の方々、そして、行政機関に所属される方々、また、精神保健福祉領域で働く専門職の方々、その他、精神保健福祉にご関心のある方々にお読みいただけたら幸いである。

精神に障害のある人々の政策への参画
当事者委員が実践するアドボカシー

目 次

はじめに ……………………………………………………………………… 3

序章　問題の所在 …………………………………………………… 15
第1節　障害者観におけるパラダイム・シフト
　　　　──障害者権利条約から── ……………………………… 15
第2節　人権を重視する考えの系譜 ………………………………… 17
　1）世界人権宣言と国際人権規約との関連 …………………………… 17
　2）「社会モデル」、および「個人モデル」と「社会モデル」の相互作用 …… 20
　3）障害のある人々の「権利回復」から「アドボカシー（政策提言）」へ …… 22
第3節　精神に障害のある人々の政策決定過程への参画の重要性 …… 25
第4節　先行研究の分析 ……………………………………………… 27
　1）当事者委員や専門職委員からの見解 ……………………………… 27
　2）当事者委員参画に関する実践報告・研究 ………………………… 30
第5節　精神に障害のある人々の政策決定過程参画への歩み ……… 32
まとめ ……………………………………………………………………… 36
本書の構成 ………………………………………………………………… 36

第1章　政策決定過程への精神に障害のある人々の参画
　　　　──諸外国との比較から── ……………………………… 39
第1節　アメリカ・カリフォルニア州の場合 ……………………… 40
　1）研究方法 ……………………………………………………………… 41
　　（1）調査方法 ………………………………………………………… 41
　2）カリフォルニア審議会の概要 ……………………………………… 42
　　（1）設立経緯 ………………………………………………………… 42
　　（2）目的 ……………………………………………………………… 43
　　（3）構成と開催数 …………………………………………………… 43
　　（4）委員構成 ………………………………………………………… 44
　3）当事者委員について ………………………………………………… 45
　　（1）参画までの経緯 ………………………………………………… 45
　　（2）当事者委員の役割 ……………………………………………… 45
　　（3）当事者委員に対する評価 ……………………………………… 46
　4）カリフォルニア審議会の内容 ……………………………………… 46

（1）会議内容 …………………………………………………………… 46
　　　（2）当事者委員の発言 …………………………………………………… 48
第2節　オーストラリア・ニューサウスウェールズ州の場合 ………………… 50
　1）研究方法 ……………………………………………………………………… 51
　　　（1）調査方法 ………………………………………………………………… 51
　2）MHC（Mental Health Commission　精神保健委員会）……………… 52
　　　（1）MHCの概要と関連組織 …………………………………………… 52
　　　（2）Review of MHC 2018（MHC報告書2018年版）……………… 56
　　　（3）MHCの職員 ………………………………………………………… 57
　　　（4）当事者参画 …………………………………………………………… 57
　3）NSW審議会 ………………………………………………………………… 58
　　　（1）設立経緯 ……………………………………………………………… 58
　　　（2）目的 …………………………………………………………………… 58
　　　（3）開催数、委員構成 …………………………………………………… 58
　　　（4）審議会事務 …………………………………………………………… 59
　　　（5）NSW審議会の内容 ………………………………………………… 59
　　　（6）NSW審議会に当事者委員が参画した経緯 ……………………… 60
　　　（7）当事者委員の役割 …………………………………………………… 61
　　　（8）当事者委員としてのやりがい ……………………………………… 61
　　　（9）MHC担当職員とのつながり ……………………………………… 61
　4）NGO法人Being …………………………………………………………… 61
　　　（1）NGO法人Beingの設立経緯 ……………………………………… 61
　　　（2）NGO法人Beingの位置づけ ……………………………………… 62
　　　（3）NGO法人Beingの組織 …………………………………………… 62
　　　（4）NGO法人Beingの活動 …………………………………………… 63
　　　（5）重度の精神疾患経験者の声 ………………………………………… 64
第3節　大阪府の場合 ……………………………………………………………… 65
　1）研究方法 ……………………………………………………………………… 66
　　　（1）調査方法 ……………………………………………………………… 66
　2）大阪府精神保健福祉審議会における答申とその具体化 ………………… 66
　3）大阪府精神保健福祉審議会の概要 ………………………………………… 68
　　　（1）設立経緯 ……………………………………………………………… 68

　　　　（2）目的 …………………………………………………………………………… 69
　　　　（3）構成と開催数 ………………………………………………………………… 69
　　　　（4）委員構成 ……………………………………………………………………… 69
　　4）大阪精神医療人権センターによるアドボカシー（政策提言） ………… 69
　第4節　3地域の比較から見えてくるもの ………………………………………… 70
　　1）審議会の権限の違い ………………………………………………………… 70
　　2）当事者委員の位置づけの違い ……………………………………………… 72
　　3）民間組織、NGO組織の存在 ………………………………………………… 74
　まとめ …………………………………………………………………………………… 76

第2章　地方精神保健福祉審議会の設置・開催と 当事者委員参画現況調査 …………………………………… 79

　第1節　研究方法 ……………………………………………………………………… 79
　　1）対象 …………………………………………………………………………… 79
　　2）実施方法 ……………………………………………………………………… 79
　　3）調査内容 ……………………………………………………………………… 80
　　4）回収率 ………………………………………………………………………… 81
　　5）分析方法 ……………………………………………………………………… 81
　第2節　Ⅰ期からⅢ期に共通する質問事項 ………………………………………… 81
　　1）審議会の設置・開催状況 …………………………………………………… 81
　　2）審議会委員の総数 …………………………………………………………… 82
　　3）当事者委員の参画の有無 …………………………………………………… 82
　　4）家族委員の参画の有無 ……………………………………………………… 83
　　5）当事者委員の参画が困難な理由 …………………………………………… 83
　　6）当事者委員の参画がない都道府県等の今後の委嘱予定 ………………… 84
　第3節　Ⅱ期、Ⅲ期に共通する質問事項 …………………………………………… 84
　　1）当事者委員の参画がある場合 ……………………………………………… 84
　　　　（1）当事者委員の参画がある都道府県等の当事者委員を委嘱した
　　　　　　理由（複数回答） …………………………………………………………… 84
　　　　（2）当事者委員と他の委員に対する期待 …………………………………… 85
　　　　（3）当事者委員のための合理的配慮の有無（Ⅱ期のみ） ………………… 86
　　　　（4）当事者委員への肯定的評価の有無とその理由

（5）当事者委員への懸念（Ⅱ期のみ） ················· 87
　　　（6）当事者委員の今後の増員予定 ··················· 87
　　2）当事者委員の参画がない場合 ····················· 88
　　　（1）当事者委員の参画が困難な理由 ·················· 88
第4節　Ⅲ期にのみ調査した質問事項 ······················ 91
　　1）審議会を設置しない場合の代替会議名 ················· 91
　　2）審議会の開催回数 ··························· 91
　　3）他会議や部会への当事者委員の参画の有無 ··············· 91
　　4）精神に障害のある人々からの会議参画の希望 ·············· 91
　　5）当事者団体の把握 ··························· 91
　　6）代表的な当事者団体名 ························· 92
　　7）精神に障害のある人々の意見を聴く機会 ················ 92
　　8）当事者委員参画の有無と関連要因の関係 ················ 93
　　9）公募選出について ··························· 94
　まとめ ·································· 94

第3章　地方精神保健福祉審議会議事録分析 ············ 97
第1節　研究方法 ······························· 98
　　1）対象と調査時期 ···························· 98
　　2）分析内容 ······························· 98
　　3）分析方法 ······························· 99
　　　（1）当事者委員の発言数と発言率 ··················· 99
　　　（2）発言内容 ···························· 99
　　　（3）倫理的配慮 ··························· 100
第2節　各市の審議会の概要と当事者委員の発言数・発言率 ··········· 100
　　1）各市の審議会の概要 ·························· 100
　　2）当事者委員の発言数と発言率 ····················· 101
第3節　5市ごとの審議の展開 ························ 102
　　1）A市の場合 ······························ 102
　　　（1）2011（平成23）年度 ······················ 102
　　　（2）2012（平成24）年度 ······················ 102
　　　（3）2013（平成25）年度 ······················ 103

　　　　（4）2014（平成26）年度 ………………………………………………… 103
　　　　（5）2015（平成27）年度 ………………………………………………… 104
　　2）B市の場合 …………………………………………………………………… 104
　　　　（1）2011（平成23）年度 ………………………………………………… 104
　　　　（2）2012（平成24）年度 ………………………………………………… 105
　　　　（3）2013（平成25）年度 ………………………………………………… 106
　　　　（4）2014（平成26）年度 ………………………………………………… 106
　　3）C市の場合 …………………………………………………………………… 107
　　　　（1）2010（平成22）年度第1回 ………………………………………… 107
　　　　（2）2010（平成22）年度第2回 ………………………………………… 107
　　　　（3）2011（平成23）年度第1回 ………………………………………… 108
　　　　（4）2011（平成23）年度第2回 ………………………………………… 108
　　　　（5）2012（平成24）年度第1回 ………………………………………… 109
　　　　（6）2013（平成25）年度第1回 ………………………………………… 109
　　4）D市の場合 …………………………………………………………………… 110
　　　　（1）2012（平成24）年度 ………………………………………………… 110
　　　　（2）2013（平成25）年度 ………………………………………………… 110
　　　　（3）2014（平成26）年度 ………………………………………………… 111
　　5）E市の場合 …………………………………………………………………… 111
　　　　（1）2013（平成25）年度第1回 ………………………………………… 111
　　　　（2）2013（平成25）年度第2回 ………………………………………… 111
　　　　（3）2014（平成26）年度第1回 ………………………………………… 112
　　　　（4）2014（平成26）年度第2回 ………………………………………… 112
　　　　（5）2015（平成27）年度 ………………………………………………… 112
第4節　議事録分析から見えてくるもの …………………………………………… 113
　　1）当事者委員の役割 …………………………………………………………… 113
　　　　（1）当事者の視点を加味する役割 …………………………………… 113
　　2）議案の細部を点検する役割 ………………………………………………… 113
　　3）要望の実現に向けて ………………………………………………………… 114
　　4）当事者委員参画の意義 ……………………………………………………… 115
まとめ ……………………………………………………………………………………… 117

第4章　地方精神保健福祉審議会に参画する当事者委員の声 …… 119

第1節　研究方法 …… 119
1）対象 …… 119
2）調査方法 …… 121
3）分析方法 …… 121

第2節　当事者委員の全体的特徴 …… 122
1）聞き取り調査結果 …… 122
　（1）当事者委員参画の経緯 …… 126
　（2）当事者委員の発言内容 …… 127
　（3）当事者委員の役割・効果 …… 127
　（4）やりがい・活力の源 …… 128
　（5）当事者活動とのつながり …… 129
　（6）行政機関・行政担当者とのつながり …… 131
　（7）当事者委員の増員 …… 131
　（8）今後の課題 …… 132

第3節　当事者活動、行政担当者とのつながりの影響 …… 133
1）関係良好型 …… 134
2）仲間関係良好型 …… 135
3）関係不安定型 …… 135
4）行政機関親和型 …… 135

まとめ …… 136

第5章　地方精神保健福祉審議会への精神障害当事者委員の参画に関する検討――当事者委員の参画がある群とない群の比較から―― …… 139

第1節　研究方法 …… 139
1）対象 …… 139
2）調査方法 …… 140
3）分析方法 …… 142

第2節　当事者委員の参画がある都道府県等とない都道府県等の比較 …… 142

1）審議会の位置づけ ………………………………………………… 142
　　2）当事者委員参画の経緯 …………………………………………… 144
　　3）当事者委員の評価 ………………………………………………… 144
　　4）当事者活動の把握・つながり …………………………………… 146
　　5）他会議への精神に障害のある人々の参画 ……………………… 148
　　6）精神に障害のある人々の意見を聴く機会 ……………………… 151
　　7）当事者委員の参画がない理由 …………………………………… 151
　　8）当事者委員参画実現に向けたプロセス ………………………… 154
　第3節　事例検討 ……………………………………………………… 158
　　1）A群：当事者委員からの肯定的評価が得られた都道府県等（No.4）…… 159
　　2）A群：当事者委員からの肯定的評価が得られた都道府県等（No.22）… 160
　　3）B群：当事者委員の参画がある都道府県等（No.2）………… 162
　　4）C群：当事者委員の参画に向け検討中の都道府県等（D）… 163
　　5）C群：当事者委員の参画に向け検討中の都道府県等（G）… 164
　　6）D群：当事者委員参画の予定がない都道府県等（F）……… 166
　まとめ …………………………………………………………………… 167

第6章　まとめ …………………………………………………………… 169
　1）ソーシャルアクションとしての参画とアドボカシー（政策提言）…… 169
　2）これまでのまとめ ………………………………………………… 171
　3）行政担当者からのアプローチ …………………………………… 173
　4）精神に障害のある人々からのアプローチ ……………………… 174
　5）権利回復を支援する団体からのアプローチ …………………… 174
　6）権利の主体としての精神に障害のある人々 …………………… 175

初出原稿一覧 ……………………………………………………………… 179
引用文献 …………………………………………………………………… 180
参考文献 …………………………………………………………………… 186
調査票（2015年度実施） ………………………………………………… 193
調査票（2018年度実施） ………………………………………………… 199
おわりに …………………………………………………………………… 205

序章
問題の所在

　本書は精神に障害のある人々の権利回復の問題を、政策決定過程への当事者委員の参画とアドボカシー（政策提言）をもとに検討を進める。障害のある人々はこれまで長らく権利の客体とみなされ、権利を主張する機会が付与されてこなかったが、障害者権利条約の成立により、障害のある人々を権利の主体と明確に位置づけた。しかし、社会は障害のある人々を権利の主体と認識してきただろうか。本書は精神に障害のある人々の権利回復の問題を明らかにするため、政策決定過程への精神に障害のある人々の参画とアドボカシー（政策提言）を切り口に分析を行うことを目的とする。

第1節　障害者観におけるパラダイム・シフト
　　　　──障害者権利条約から──

　障害者権利条約草案作成中、特別委員会のドン・マッケイ（Don MacKay）議長は第7回特別委員会開催時に「第19条はパラダイム・シフトという目標に向けた基礎となる」と述べた（国連ホームページより）。障害者権利条約第19条「自立した生活（生活の自律）及び地域社会へのインクルージョン」は以下の条文からなる[注1]（川島2012）。
　「この条約の締約国は、障害のあるすべての人に対し、他の者と平等の選択の自由をもって地域社会で生活する平等の権利を認める。締約国は、障害のある人によるこの権利の完全な享有並びに地域社会への障害のある人の完全なイ

ンクルージョンおよび参加を容易にするための効果的かつ適切な措置をとるものとし、特に次のことを確保する。

(a) 障害のある人が、他の者との平等を基礎として、居住地及びどこで誰と生活するかを選択する機会を有すること、並びに特定の生活様式で生活するよう義務づけられないこと。

(b) 障害のある人が、地域社会における生活及びインクルージョンを支援するために並びに地域社会からの孤立及び隔離を防止するために必要な在宅サービス、居住サービスその他の地域社会の支援サービス（パーソナル・アシスタンスを含む。）にアクセスすること。

(c) 一般住民向けの地域社会サービスおよび施設（設備）が、障害のある人にとって他の者との平等を基礎として利用可能であり、かつ、障害のある人の必要（ニーズ）に応ずること。」

第19条がパラダイム・シフトの基礎と言われるのは、障害のある人に対する態度や対応を大きく変えるものだからである（国連ホームページ2019）。第19条が障害者観の転換になる大きな意義を持つことを崔は強調した（崔2008）。これまで障害のある人は慈善や治療を受ける側であり、社会から保護される「客体」であり、自己の権利を主張する存在とはみなされなかった。しかし、障害のある人もまた他の人々と同様に社会を構成する一員として、自らの選択のもとに権利の「主体」として積極的にふるまうことができることをこの条文は意図している。また、これまで一般の人々が持っていた障害者観を大きく変えた点でパラダイム・シフトと言うことばが使用された。

パラダイム[注2]とは、「一定の期間、研究者の共同体にモデルとなる問題や解法を提供する一般的に認められた科学的業績」のことで、トマス・クーン（Thomas Kuhn）が提唱した概念である（クーン1971）。クーンは物理学者であったが、次第に科学史、科学思想史へと研究が変遷する中で生まれた概念である。現在では、クーンのもともとの意味合いを越え、ある分野に支配的なものの見方・考え方・認識の枠組みとして広く用いられている。

また、パラダイム・シフトとはこれまで根本的な見方であった枠組みを非連続的・劇的に変えることを言う。クーンは科学の基本概念として「通常科学」を想定した。「通常科学」とは「特定の科学者集団が一定期間、一定の過去の

科学的業績を受け入れ、それを基礎として進行させる研究 (p.12)」を意味する。この「通常科学」の中に「パラダイム」が存在する。「パラダイム」は「一連の科学研究の伝統をつくるモデル (p.13)」である。」クーンは、科学の歴史の中で、競合するパラダイムが存在しない安定期と、「科学革命」の時期があることを仮定した。「科学革命」とは「ただ累積的に発展するのではなく、古いパラダイムがそれと両立しない新しいものによって、完全に、あるいは部分的に置き換えられる、という現象である (p.104)。」この科学革命が「パラダイム転換（シフト）」の事態」であり、パラダイム・シフト後は領域全体の見え方が一気に変わることさえあると言う。

このパラダイム・シフトのきっかけが障害者権利条約第19条であり、障害のある人々が権利の主体へと大きく変わろうとしていると考えられる。

第2節　人権を重視する考えの系譜

障害のある人々の人権の重要性は唐突に障害者権利条約ではじめて示されたものではない。障害のある人の人権重視の考え方の系譜として、1つは世界人権宣言と国際人権規約にみられる人一般に対する人権尊重の考え方がある。もう1点として特に障害のある人の人権については、障害が個人の問題ではなく、社会の問題と考えるマイケル・オリバー (Michael Oliver) らの「社会モデル」の考えがある。以下、それぞれの主張と障害者権利条約との関連について述べる。

1) 世界人権宣言と国際人権規約との関連

世界人権宣言は1948年に国連総会において採択され、すべての人間に自由権と社会権があることを規定した。戦後、復興に向かう中で世界の国々に与えた影響は大きいが、宣言であることから法的拘束力を持つものではなかった。また、理念としては「すべての人間」の中に障害のある人は含まれるが、実際には障害のある人は人権の枠外に置かれ、物言えぬ立場であった。人権の保障とは、自由と平等が保障されることといえる（東2008）。自由を手に入れた人々は富を手に入れるが、得る富の多少にはそれぞれの持つ能力や条件によって差異が生じる。その差異は不平等を招くが、不平等を制限すれば自由が制限

され、自由を制限すれば不平等が生じる。障害のある人はもともと持つ条件が異なるために、健常な人々とは異なるスタートラインに立つ。スタートが違うにも拘わらず、自由競争の中に身を置けば結果の不平等が生じることは必然である。結局、障害のある人は社会の中から排除される構造的な問題が発生する。

　また、国際人権規約は1966年に成立し、世界人権宣言を基礎とし、人権条約の基本であり、総まとめ的意味合いを持つものである。社会権規約と自由権規約があり、前者をA規約、後者をB規約と言う。日本は1979年に批准した。しかし、規約もまた、法的拘束力を持つものではなかった。

　障害者権利条約は世界人権宣言や国際人権規約成立後も不利益を被り、権利の枠外にいた障害のある人々に本来あるべき権利を取り戻すことを明確に主張したものである。障害者権利条約は障害のある人々の「権利回復」に向かう非常に大きな1歩である。

　2002年から2006年までに8回の障害者権利条約制定のための特別委員会が開催された。特別委員会に作業部会が設置され、40名の政府代表と障害者インターナショナル（DPI: Disabled Peoples' International）を中心とする障害者団体関係者が対等な立場で議論を行った。障害者権利条約のスローガンである"Nothing about us without us."（私たちのことは私たちと共に決めてほしい）[注3]の実現が、障害者権利条約の成立過程で見られたことは障害のある人々の参画の大きな1ページが開かれたことを意味する。

　障害者権利条約は障害のある人々の権利を、児童権利条約に続き認めたものであり、明確に法的拘束力を持つ条約と言う形で結実した。成立過程は目を見張るものがあり、条約成立としてはあり得ないほどの短期間で完成しえたのは、議長ドン・マッケイの手腕もさることながら、障害のある人々が積極的に条約成立に参画し、「権利回復」に向けた強い願いを示したことによると思われる。

　ところで、障害のある人々が政策決定過程に参画するには法的根拠を持つことが重要である（藤井2010）。障害者権利条約前文（O）や4条3項には障害のある人々が政策及び計画に参画することを明記している。条約は、各国の一般法の上位に位置し、法律を拘束する効力を持つことから（藤井 2010）、各国は

条約の内容を遵守しなければならず、障害のある人々の政策決定過程への参画の根拠が示されたことになる。

2006年に成立した障害者権利条約であるが、わが国は批准するための国内法の整備が必要であり、2009年12月に障がい者制度改革推進会議が設置され、2010年1月に初会議が開催された。当会議は、特に障害者基本法の改正、障害者総合福祉法と障害者差別禁止法（いずれも当時の名称）、これら3法の改正および制定が主目的であり、サービス利用者側である障害のある人々と家族を含めた議論の場を作ることを目指していた。委員構成は24名中14名が障害のある人々と家族が占め、国が実施する重要会議にこれほど多く参画したのは初めてのことである（茨木 2011）。かくも多くの人々が参画できたのは、障害者権利条約の理念に負うところが大きい。

当会議は当事者委員参画の他にも、政策決定過程の透明化と合理的配慮の点で特徴を有する（福島 2013）。会議の映像を一般に公開し、委員以外も審議を視聴することを可能にした。また、手話通訳、要約筆記などコミュニケーション面および、知的な障害のある人々に対し、内容が理解できない時はレッドカード、ゆっくり進めてほしい時はイエローカードを提示できるなどの合理的配慮がなされた（石毛ら 2013）。ここで言う合理的配慮とは障害者権利条約の中に示されている障害のある人が他の人々と平等な権利を得るために必要とされる配慮である。合理的配慮は障害のある人々が過度な負担を感じずに会議に参画する上で重要と考えられる。

また、障がい者制度改革推進会議の部会である総合福祉部会や差別禁止部会に、前者は委員の約半数を、後者は約1割を障害のある人々や家族が占め、他障害と共に精神に障害のある人々も参画した。

また、2013年から10年間、障害者基本計画の策定及び監視にかかわる審議等を行う機関として障害者政策委員会が内閣府に成立し、過半数の障害のある人を含む30名の委員で協議を行っている。このように国の会議では精神に障害のある人々の政策決定過程への参画が少しずつなされてきた。2014年1月にわが国も障害者権利条約に批准し、障害のある人々の参画の機会を保障することとなった。藤井（2010）は2006年に障害者権利条約が成立したことで、政策決定過程に障害のある人々が参画する点で新たな地平を開いたと述べた。批准

が契機となり、障害のある人々の新しい時代が始まる機運が生まれたと言える。

2)「社会モデル」、および「個人モデル」と「社会モデル」の相互作用

一方、障害者権利条約は「障害の社会モデル」と言われる（川島2010）。「社会モデル」は、「個人モデル」からのパラダイム・シフトとして1990年代のイギリス障害学のリーダーであるオリバーらによって生まれた。

オリバーら（2010）は著書の中で「障害（ディスアビリティ）は個人の問題ではなく、インペアメント（身体的差異・制約）をもつ個人に対して不親切な物理的および社会的環境の問題であり、ひいてはマイノリティ（少数派）の人々をどう社会が処遇するかという社会の問題である」と述べ、障害が障害のある人個人の欠陥から発生しているのではないことを示した（p.18）。また、個人モデルについては「障害者が経験している問題をインペアメントの直接的な帰結と見る（p.37）」と考えた（オリバーら2010）。オリバーらはよくありがちな障害受容の段階モデルを否定し、ビク・フィンケルシュタイン（Vic Finkelstein）が言う「障害の意味について、健常者にとっての正常という基準を障害者個人に押し付け、「援助者/被援助者」の関係を生じさせる以外の何ものでもない（p.43）」という考えを肯定し、障害は障害のある人個人に原因があるのではなく、社会が原因であることを強く主張した。また、オリバーは「個人モデル」と「社会モデル」を二極化し、社会の変革を強力に要請し、特に、障害のある人が社会に受け入れられないのは社会が資本主義の経済構造を重視するために、生産に貢献できない障害のある人を隔離したことによると指摘した。

しかし、その後「社会モデル」は多くの批判にさらされた。確かに、障害は社会が作り出す面があり、社会の人々からの偏見やスティグマが障害を生産、増強することは否定できないが、仮に社会からすべての障壁を除去しても、障害のある人とない人が同一にはなり得ず、また、社会の問題のみを原因とすれば、個人に必要な医療的介入も否定することにつながる。

一方、「社会モデル」と「個人モデル」の関係を対極に位置づけるのではなく、両者の関係を明確に述べたのが星加である。星加（2007）はイギリスの障害学の定義をもとにインペアメントは「個体の機能的特質に関わる劣性」、デ

ィスアビリティは「社会的活動に関わる不利や困難」を意味するとし、「個人モデル」は「障害の身体的・知的・精神的機能不全」、「社会モデル」は「障害を社会現象として捉える」視点と考えた。たとえば「社会モデル」も「個人モデル」も「できないこと」を否定的にとらえることにおいては同じである（p.43）が、特に、障害（ディスアビリティ）についての言及では、ディスアビリティは社会的活動に関わる不利や困難であり、星加は「不利益」と呼び、その不利益の要因を個人におくのか、社会におくのかは立場によるとしても、不利益であるという点では「個人モデル」と「社会モデル」が共通であることを示し（p.45）、障害のある人の不利益を解消あるいは減少するためには、個人モデルと社会モデルが互いに連携した相互作用の関係が望ましいと考えた。

　さらに、星加の主張で興味深いのは「スティグマとしてのインペアメント」である。「機能・形態に関わる差異や特徴は、個人に内在するのではなく、他者との比較を通じて関係性として成立する。指がない手をもっていることが、他の人と異なっていることを意識したことで、その機能・形態は差異として把握される。次に、認知された差異に対して社会が与える特定の否定的なサンクションによって、障害は立ち現れることになる（p.217）」という。もし社会から「否定的なサンクション」を受けなければ本人は障害を認識しないかもしれない。あるいは、認識しても気にならないかもしれない。しかし、実際は、身近な人々の発言が本人の中に内在化し、障害があることを否定的に認識するようになる。その結果として、「社会的活動への参加を「主体的に」断念して不利益を甘受することによるリスク回避が「合理的に」選択されうる（p.230）」という。ここに、障害のある人が権利の主体として生きることの難しさが立ち現れる。障害のある人自身が「自らに対する強力な否定感情と社会的活動に関する期待値の低減（p.236）」により、社会的活動を断念することが生じる。この過程はスティグマにより本人が「権利の主体」であることをあきらめる内的プロセスと考えることができる。スティグマとは否定的なサンクションを外から押し付けるものであるが、障害のある人がもともとインペアメントを自覚していなかったにもかかわらず、スティグマを与えられることによって自身のインペアメントが顕在化し、そののちは障害者として生きることになる。

　この「スティグマとしてのインペアメント」自体は個人の中にあるものだ

が、それ以前に社会から与えられた「否定的なサンクション」によって形成されたものでもある。差異があってもそれに否定的意味づけがなされなければ、本人の中では「差異ある平等」が成立しえたかもしれないと考えると社会が押し付けたスティグマの負の意味は重い（阿部2010）。「差異ある平等」は阿部（2010）のことばで、人間の中の多様性を認め、差異を尊重した上で平等な権利を認める視点である。法は暗黙裡に健常な成人男性をモデルとするが、男性以外の性も、子どもも、人種の異なる人も、障害のある人も、様々な有様を認め、平等な権利をもたらすことは非常に重要である。

以上、障害の発生は社会の問題であることを明確に示した点でオリバーの「社会モデル」や、星加が発展させた「個人モデル」と「社会モデル」の相互作用の意義は大きい。さらに、「スティグマとしてのインペアメント」があっても障害のある人が「権利の主体」であることを断念しないためにどうあるべきかを考えさせられる。

障害者権利条約は「社会モデル」を尊重した上で、社会との相互作用として障害を考える視点を持つ。障害者権利条約の前文（e）において、「障害〔ディスアビリティ〕が形成途上にある〔徐々に発展している〕概念であること、また、障害が機能障害〔インペアメント〕のある人と態度及び環境に関する障壁との相互作用であって、機能障害のある人が他の者との平等を基礎として社会に完全かつ効果的に参加することを妨げるものから生ずることを認め、」とある（川島2012）。また、第1条に「障害者には、長期の身体的、精神的、知的又は感覚的な機能障害（impairments）のあるものを含む。これらの機能障害は、種々の障壁との相互作用（interaction）により、機能障害のある者が他の者との平等を基礎として社会に完全かつ効果的に参加することを妨げる場合がある。」と定めた（川島2012）。これらから、障害は社会との「相互作用」によって生じること、また、障害を明確に定義せず、大きな含みのある表現にすることで、社会を構成する誰一人として権利の享受からもれ出ることがないことを目指したと言えよう。

3）障害のある人々の「権利回復」から「アドボカシー（政策提言）」へ

これまで述べてきたことから、障害者権利条約の大きな強調点の1つは本質

的には権利を享受できるはずでありながら排斥されてきた障害のある人々を、人権の範疇に含めた点である。これは「権利回復」に向かう大きな前進と考えられる。

　ところで、すでに本文中で何度か使用している「権利回復」の用語について説明が必要と思われる。ソーシャルワークの領域では、これまで与えられている権利が侵害・剝奪されたか、その恐れがある場合に他者が代わって権利を護る視点から「権利擁護」が多用されてきた。しかし、権利擁護というと、成年後見制度や日常生活自立支援事業と関わり、判断能力が不十分な人に代わって財産管理等を行うイメージがあり（吉池2011）、本書で強調したい、障害のある人々がこれまで権利の場から排斥され、権利が得られず、自ら主体的に権利獲得に向け行動することとは隔たりがあるために、「権利回復」の語を使用してきた。

　しかし、実は権利擁護には幅広い意味が含まれ、特に、権利擁護の英訳であるAdvocacyには「擁護」や「支持」と共に「政策提言」という意味がある。障害のある人々が権利の主体として制度・政策の変革のために政策提言を行う行動は「アドボカシー」と表現できる。国連子どもの権利条約に則り、子どもの権利の実現を目指すNGOセーブ・ザ・チルドレンは「アドボカシーとは具体的な政策目標を実現するために、政策決定者および同決定プロセスに影響力を持つ個人、組織に働きかけること」と定義する。当NGOは子どもの権利を保障するために、子ども自身が声をあげ、社会に参加し、また、子どもの権利を保障する義務を負う者に責任を果たすよう求める活動を行っている。アドボカシー（政策提言）を実践する主体は子どもであり、目的を果たせるよう必要に応じ擁護するのが大人であると考える。この政策提言としてのアドボカシーこそが、本書で取り扱う障害のある人が権利の主体として行動する一つの方法である。

　アドボカシーについては様々な定義があり、また、セルフ・アドボカシー、ピア・アドボカシー、専門職によるアドボカシー等、アドボカシーの担い手によって分類する場合や、パーソナル・アドボカシー、クラス・アドボカシーなど、アドボカシーの方法による分類もある（栄2004）。アドボカシーは周囲の人々を巻き込んでいく活動であり、上記のどれかに限定するものではないこと

から、本書では健康支援に関わる視点を幅広く解釈しているWHOの定義に準拠する。WHOによるアドボカシーは「ある特定の健康目標やプログラムに対する政治的関与、政策支援、社会からの受容、制度的支援を得ることを目的に行われる個人的及び社会的（ソーシャル）アクションの総体」と定義されている（WHO 1998）。目的を遂げるためには、①政治的コミットメント②政策支援③社会からの受容④制度的支援が必要である。

　Shilton（2016）は、うまく仕組まれたアドボカシーが政策や制度の実現につながった実例としてたばこ規制をあげた。喫煙の害に関するエビデンスが政治的コミットメントを引き出し、説得力あるメッセージが専門家、政治家、メディアに届くことで政治家による政策支援が得られ、さらに社会の人々からの受容を伴い、具体的な制度策定に至ったと考えられる。さらにShilton（2016）は包括的なアドボカシー活動として、①組織内部からのアドボカシー②コミュニティの動員③専門家の動員④メディア・アドボカシー⑤政治的なアドボカシーの5つをあげ、目的を遂げるためには領域を越えた活動が起こることを指摘している。

　これらのアドボカシー活動を障害のある人々が実践する場合も、基本的には進め方は同一と思われる。自分たちがサービスの利用者として感じてきたことに対しエビデンスを伴う意見を表明し、周辺や社会一般の人々の理解を築き、内容が多くの人たちに受けいれられ、課題解決に至る。本書では、特に政策決定過程に障害のある人々が参画し、政策提言としてのアドボカシーを実践することを検討したいと思う。

　また、もう1点内容の確認を要する用語として「政策決定過程」について言及したい。三沢（1967）はDavid Eastonの解釈をもとに、「政策」とは価値の権威的配分のことを指し、「政策の決定」とは「特定価値の配分に関して、いくつかの案の中からある基本的な方針ないし意図が選択され、その意図が「決定的」に表明されることを指す。」と述べている。さらに、「すでに決定された意図の実現のためにさらに数多くの小決定や諸活動が行われるが、この「政策の実施過程」上の諸決定や諸活動に際しても、法律その他のルールによって一定の範囲内での決定をおこないうること」とした。これらから、「政策決定過程」とは、たとえば、国や地方自治体の予算をある価値に基づき適正に配分

し、また、実施に際しても適正なルールを決定し行うことと考えられる。

また、山崎（2012）によれば、政策形成と政策実施を行う一連の政策過程のうち、前半部分にあたり、政策課題について公式な場で審議し、決定する過程である。

これらのことから本書で政策決定過程の語を使用する場合は、行政機関が行う政策の策定過程において、行政担当者が立案したものを、関係者の審議を経て、決定されるまでの過程と捉える。

第3節　精神に障害のある人々の政策決定過程への参画の重要性

本書では障害のある人々の中でも、特に、精神に障害のある人々を取り上げる。栄（2004）は、「精神障害者の場合、精神疾患による認知障害や社会生活の経験不足などから、専門職によるパターナリズムによって代理行為が行われる場合が少なくない」ことを指摘した。障害の中でも特に精神に障害のある人々の場合は、パワーレスになる可能性が高いと考えられる。

そうした事実を踏まえた上で、上野（2004）は当事者運動との関わりの中で「今後は精神保健医療・福祉など政策決定過程への（当事者委員の）参加が重要な原則となる」ことを障害者権利条約成立以前から指摘していた。また、1981年の国連・国際障害者年以降、「政策決定過程への参加が自己決定権の主要な柱」として認識され始め、当事者団体である全国精神障害者団体連合会が1993年に精神保健法の見直し等に関する意見書を厚生省（当時）に提出し、「各種審議会に障害者の代表を入れること」を提案していたことを示した（上野2004）。このように精神に障害のある人々自身が政策決定過程への参画の要望を早くから示していたことがわかる。また、2003年5月の精神保健福祉対策本部中間報告「精神保健福祉の改革に向けた今後の対策の方向」の中に、「普及啓発」として列記した6点の中に「政策決定への当事者の関与の推進」があげられ、「あらゆる機会を通じて精神疾患及び精神障害者に対する理解の促進を図るとともに、当事者参加活動の機会を増やす」ことを具体化する方向性が明確に示された。

1950年以降、精神障害に特化した議論ができる行政の会議は国レベルでは

精神衛生審議会、地方では地方精神衛生審議会があった。国の精神衛生審議会は法律の変遷とともに、現在は、社会保障審議会障害者部会精神障害分会に、地方では地方精神保健福祉審議会に移管した。

審議会は民意を行政に反映させるためのものとして戦後に導入され、根拠法は国家行政組織法である（晴山 1999）。委員構成は学識経験者、マスコミ、業界団体関係者、官庁関係者らが一般的であるが（細野 2003）、近年は公募等で一般市民が参画することがある。行政機関は方針や政策を議会に提出する前に、国民のコンセンサスを得るため、審議会を活用する。審議会の責任の範疇は、あくまで答申、勧告を行うのみで、行政の政策や方針を決定することはできない（岡部 1969）。審議会の問題点としては行政担当者が作成したシナリオ通りに審議を誘導する傾向が指摘されている（細野 2003）。近年は、審議会の機能や役割が変化し、縮小化・弱体化の傾向があり（栃本 2002）、1999年に内閣人事局が「審議会等の整理合理化に関する基本的計画」を発表し、必要性が低下した審議会の廃止が促された（内閣人事局 1999）。その結果、国レベルで審議会と名のつくものは、厚生労働省と他の省庁を併せ、129が設けられている（内閣人事局：平成29年8月現在）。しかし、精神保健福祉領域においては大局的な見地から審議できる会議として、引き続き、重要な位置づけにあると考えられる。

地方精神保健福祉審議会は都道府県・政令指定都市が設置する精神保健福祉に関する会議である。地方自治法第138条に規定され、都道府県・政令指定都市に設置可能で、地方公共団体の附属機関に位置づけられる。行政機関の中では格付けの高い会議であり、委員は精神保健医療従事者、学識経験者、地域の指定サービス事業従事者等である。また、精神保健福祉法第9条に規定され、地方の精神保健福祉に関し、取り組むべき具体的な施策を議論し、知事の諮問に答え、意見を具申する場である。

地方精神保健福祉審議会は、これまで地方の精神保健福祉に関する制度・政策の決定に関し、重要な役割を果たしてきた。たとえば、1980年代に東京都精神衛生審議会では都立総合精神衛生センターの設置をはじめ、精神に障害のある人々の社会復帰医療対策について重点的に議論がなされた（東京都地方精

神衛生審議会1982)。また、2000年には大阪府精神保健福祉審議会が「精神病院内における人権尊重を基本とした適正な医療の提供と処遇の向上について」意見具申を行った(大阪府精神保健福祉審議会 2000)。詳細については1章第3節で述べる。

　ところが2006年の精神保健福祉法改正により、これまで都道府県等において必置であった審議会が任意設置へと変更になった。これは、障害者自立支援法が成立したことによる変化と、内閣府の審議会縮小傾向が連動した影響と考えられる。しかし、精神保健福祉領域は引き続き、さまざまな課題が山積し、たとえば、精神科病院における長期入院者の地域移行、増加中のうつ病者対策、自殺対策、就労支援等があり、審議会はそれらの解決に向け、精神保健福祉領域に特化した議論を行える場を確保することが重要である。したがって、審議会への当事者委員の参画は、サービス利用者側の視点が加わり、議論が活発に進むことが期待できる。

　以上、従来まではなかなか政策に反映されなかった精神に障害のある人々のアドボカシー(政策提言)の機会が整いつつある。しかし、これまで行政機関が実施する会議をアドボカシー(政策提言)の実践の場と捉え、障害のある人々の参画について実証的に論じた先行研究は限定的である。次節で先行研究を整理したい。

第4節　先行研究の分析

1) 当事者委員や専門職委員からの見解

　ここでは、政策決定過程への障害のある人々の参画の現況と、当事者委員の役割に関する先行研究を振り返ってみたい。

　障害者福祉に関する総合雑誌で、障害福祉行政の事情を積極的に発信してきた『ノーマライゼーション　障害者の福祉』では、2009年7月号で「政策決定過程における当事者参画の意義」、2012年1月号で「政策への障害当事者の参画」を特集している。以下、2009年7月号と2012年1月号の内容を略述する。

　2009年7月の特集で吉川(2009)が当事者参画の意義は当事者の要望を政策・施策に反映でき、これまで保護され治療されてきた人々が社会変革に役割

を果たす社会モデルへの転換を意味することを主張した。また、スウェーデンの知的に障害のある人々の参画を例に、家族や支援者に起きがちな参画の制限を廃し、障害のある人々自身に当事者活動や親の会の理事をまかせることで、本人、家族、支援者が変化していくことが示された。

続いて、笹川（2009）は視覚に障害のある当事者委員として社会保障審議会障害者部会に参画した経験から、介護保険や支援費制度の原案を立てた担当者との大きな認識の違い、当事者委員選任基準のあいまいさ、継続審議する案件が山積し開催を要求しても年度によっては開催がなかった点、本会議への当事者委員の参画が実現していない点、これらから真に当事者委員の主張が活かされる社会保障審議会となることを指摘した。

DPI（障害者インターナショナル）のメンバーである我妻（2009）は「北海道障がい者及び障がい児の権利擁護並びに障がい者及び障がい児が暮らしやすい地域づくりの推進に関する条例」を成立させる過程で、外部作業チームの一員として参画した体験を記載した。条例成立ももちろん重要であるが、「条例に魂を込めることが重要」との願いが示された。

竹内（2009）は厚生労働省のモデル事業として実施されたさいたま市職業能力開発推進会議に精神に障害のある当事者として参画した。全委員30名ほどのうち当事者委員は竹内含め2名で、人数面、内容面で戸惑うことがあり、加えて就労成功者の数が会議開催時に紹介され、結果を重視することへの疑問が投げかけられた。また、精神に障害のある人々自身が学習し、自分の意見を持ち、声を届けることの重要性を述べた。

田中（2009）は北海道心身障害者施策推進協議会計画策定委員会に知的に障害がある当事者委員として参画した。施設入所者の3割が施設以外での生活を希望し、しかし、7割の親は施設での生活を望むことを聞き取り調査で把握した経験や、これまで知り得た情報を会議の場で述べてきた。田中にとって参画した会議は会議資料の事前配布の遅さ、量の多さ、ルビ等がない点で、支援者との十分な打ち合わせが困難であり、また、会議の内容が難しく、緊張するため配慮を要望していた。

植野（2009）からはこれまでと異なる報告が示された。千葉県障害者計画作業部会に聴覚の障害のある当事者委員として参画した際、行政主導の計画策定

ではなく、白紙の状態から障害当事者・事業関係者・県民らが官民協働で議論する設定が当時の知事の発案でなされていたという。行政担当者は裏方に徹し、また、他課の行政職員が積極的に会議を傍聴し、サービスの利用者と支援者の声を反映させることに注力した。植野の場合、会議参画時は手話通訳者を必要とするが、行政会議通訳の技能を持つ通訳者が行政機関の配慮で配置された。植野からは総じて行政機関に対する肯定的評価が示された。

　2012年1月の特集では、主に国の障害者政策委員会に関連した当事者委員の参画について言及されている。山崎（2012）、小澤（2012）は専門職の立場から当事者参画の重要性を強調し、倉田（2012）は行政職として障害者政策委員会への期待を述べた。長位（2012）は身体障害かつ地方在住者の立場から、障害者政策委員会に当事者委員が参画することを希望し、井上（2012）も身体に障害のある立場から当委員会が当事者委員を過半数とすることを主張し、精神に障害のある桐原（2012）は家族が代弁する参画のあり方を改め、家族は家族としての主張をし、本人の意見は本人から得ることで実情を踏まえたものになることを述べた。

　障害者政策委員会は2009年に内閣府に設置された中央障害者施策推進協議会と障がい者制度改革推進会議を発展させて設けたものであり、当事者・家族委員の過半数参画が実現した会議の後続として、障害のある人々の大きな期待が寄せられた。現在も過半数参画が保たれ、障害者差別解消法の見直し等、障害者基本計画の策定・変更・実施状況の監視・勧告のための審議が月1回程度実施されている。我妻のことばを借りれば、障害者政策委員会が法律や計画に「魂を込める」作業の場となるよう、特に障害のある人々自身が監視し続けることが重要になる。

　これら特集号の他に、田垣（2006）は身体の障害の経験を持ち、かつ、専門職の立場から、市町村障害者計画策定委員会に参画し、参画委員や行政担当者の合意を得られる意見表明の仕方に関わる当事者委員の力量を高める必要性を示唆した。

2）当事者委員参画に関する実践報告・研究

　当事者参画に関する調査報告としては相内ら（1994）、長葭（2009）、『ノーマライゼーション　障害者の福祉』編集部（2009）、笠原（2010、2011）等がある。

　調査報告の中で興味深いのが『ノーマライゼーション　障害者の福祉』編集部（2009）が実施した中央障害者施策推進協議会参画委員29名を対象に行った調査である。有効回答22人の中には障害当事者10人、家族委員3人が含まれている。機能・審議内容については、形式的、形骸化、不十分、結論ありき、アリバイづくり、報告の追認等、全体として行政主導であることが指摘された。運営については年1回程度ではなく開催回数、開催時間を増やし、分科会、委員会を設けるべきこと、事務局体制については事務局の強化等の意見が出された。また、当事者委員の参画は議論の深まりや広がりをもたらすが、十分に活かされていないことも指摘された。

　また、笠原（2011）の自立支援協議会への参画調査では、全国の市町村のうち、回答があった745市町村（57.6％）で、身体に障害のある人々の参画は317（71.7％）、知的に障害のある人々は65（14.6％）であるが、精神に障害のある人々の参画に至ってはわずか15（3.4％）にすぎなかった。笠原（2011）によれば、当事者参画に関する行政側の困難理由として、「誰を選んでよいのかわからない」といった選出の公平性、「協議に参画して協働できる当事者の不在」といった当事者の力量面も含めた適任者の不在、「必要な費用や支援を保障できない」などの合理的配慮、「家族の参画を前提とする」など家族を代弁者とする点が示されていた。しかし、当事者委員の参画に関し8割の市町村等に特段の理由がなかった。これまで障害のある人々の参画を想定しておらず、理由がみあたらなかったと考えられる。一方で、当事者委員の参画について行政担当者からは「当事者視点の共有化」「当事者中心発想の協議会運営」「会議の活性化」「施策への反映」などの期待が示されていた。実際、当事者委員の参画の効果として、当事者委員が使命感を持って意見表明し、議論の深まりをもたらしていたことが記述されていた（笠原2011）。自立支援協議会は、2013年以降、法律の条文に「障害者」「家族」の参画が明記されている。したがって、笠原の調査時点から数年が経過した現時点では参画者が増加している可能性はある。

遠藤（2010）は障害福祉計画策定過程における知的障害のある人々の参画について調査した。その結果、障害当事者全般では9割以上の参画があるものの、その8割は肢体不自由の人々で、知的に障害のある人々は約3.5％にすぎなかった。課題としては、参画は知的障害の中でも軽度者に偏りがちな点、参画の度合いが形式的な参加にとどまっている点、会議参画に必要な合理的配慮が家族を含む支援者任せになっている点が示唆された。
　また、谷内（2000）は東京都北区障害者計画策定過程で、障害のある人々を障害種別に分割せず、「みんなでつくろう北区障害者計画実行委員会」を組織し、個々の障害特性を越えた新たな枠組みを構築し、行政と協働関係を築く試みについて報告した。

　これまでの先行研究から、当事者委員の参画には多くの課題が見られた。まず、各種行政の会議において当事者委員の参画が一般化せず、サービス利用者側の声が届いていなかった。また、参画できたとしても当事者委員がアドボカシー（政策提言）できる環境整備がなされていない様子が垣間見えた。たとえば、各々の障害への配慮不足や行政担当者が用意した手順に沿って審議が進み、あらかじめ決まっていた結論を辿るような意見表明が導きだされるなど、障害のある人々の声を活かしきれていない場合である。参画する当事者委員が困難に直面していることが容易に推測された。中には、当事者委員の力量を課題とする指摘もあった。しかし、植野（2009）が示したように千葉県の障害者計画作業部会のように参画する当事者委員が行政機関の会議を肯定的に評価する場合もあり、当事者委員のアドボカシー（政策提言）を受け、よりよい制度・政策立案・実施の可能性は十分に考えられる。
　今後、政策決定過程への当事者委員の参画とアドボカシー（政策提言）を考える場合に、まず、量的問題として、全国の障害関連の諸会議への参画を拡大する必要がある。特に、精神保健福祉の領域に特化して審議ができ、また、ステイタスのある会議に精神に障害のある人々が参画することが権利の実現のあかしとなることから、地方精神保健福祉審議会への精神に障害のある人々の参画を検討することが重要と思われる。また、質的問題として当事者委員のアドボカシー（政策提言）を制度・政策に活かす積極的な戦略が求められる。

第5節　精神に障害のある人々の政策決定過程参画への歩み

　表序－1は1950年以降の精神保健福祉領域の政策決定過程に関連する事項と精神に障害のある当事者委員と家族委員の動向をまとめたものである。
　これまで述べたように政策決定過程に障害のある人々が参画することは当たり前ではなかった。たとえば、身体に障害のある人々の参画に目を向けてみたい。車イスを利用する障害のある人々であればアクセス条件が整えば会議参画が容易な人たちである。しかし、かつてはその機会が得られなかった。理由の一つは、税金で養われる人に発言権はないと考えられ、サービス利用者の主権が奪われていたことによる（中西ら 2003）。身体障害のある人々が医療や福祉サービスの客体から主体へと変革した大きな世界的動きは、1970年代にアメリカで始まった自立生活運動である。身体に障害のあるアメリカ人学生Edward Robertsが、障害学生支援のために自立生活センターを設立し、その運営委員の過半数を障害学生等で組織した。自立生活運動の特徴は「障害者自身がサービスの受け手から担い手へ」と変化したことである。しかし、自立生活運動は専門職に簡単には受け入れられなかった。1980年、医療専門職を中心とするリハビリテーションインターナショナル世界会議の場で障害のある人々が各国代表委員の過半数を障害のある人々にするよう要求したが、却下された（中西ら 2003）。悔しい思いを体験した障害のある人々は1981年に身体、知的、精神、難病など障害の種別に関わらない障害当事者団体である障害者インターナショナル（DPI）を設立し、サービス利用者側からのアドボカシー（政策提言）を積極的に開始した。これまで、差別や隔離、本人の希望にそぐわない一方的な保護を受けてきたことに対し、自分たち自身が声をあげはじめた。日本でも1986年に障害者インターナショナル日本会議が発足した。

　精神に障害のある人々も人権を剥奪された状況に長く置かれてきた。1900年代前半は私宅監置の時代であり、1950年以降は長期社会的入院問題が生じ、現在も解消されていない。精神に障害のある人々は自己決定が困難な人々とみなされ、家族を保護義務者、代弁者としてきた長い歴史があった（藤井2010）。

精神に障害のある人々の政策決定過程への参画は家族委員から始まる。全国で初めて精神に障害のある人々の家族が政策決定過程に参画したのは1964年の精神衛生審議会である（村上 1981）。きっかけはライシャワー事件による。ライシャワー事件とは19歳の精神疾患治療中の青年が駐日大使ライシャワー氏を刺傷した事件である。当該青年が統合失調症の診断を受けていたことから、日本の精神科医療の不十分さを指摘され、治安維持の強化に向け、厚生省（当時）が精神衛生法の改正を進めようとした。この事件以前は、精神に障害のある人々の社会復帰が進んでいたにもかかわらず（中村2012）、事件を契機に振り子はマイナスに振れ、社会防衛へと逆行した。この事態を危惧した日本精神神経学会が、精神衛生審議会第二部会の医療小委員会に家族委員を据えることを進言し、実現した（村上 1981）。この時に参画したのは全国精神障害者家族協議会東京部会長である。精神障害者の家族会は、自分たちの意見を政策に反映させるため、各地の家族会を統括する協議会を1964年に組織し、1965年に全国精神障害者家族連合会の名称となり、1967年に財団法人化した。家族の参画が実現したのは精神衛生法改正の審議で精神に障害のある人々の立場からの参画者の必要性を精神医療専門職が発言したことと、家族を統括する全国組織が存在していたことが大きい。

　しかし、家族の思いと精神に障害のある本人の思いは異なる場合がある。時には両者間に深刻な利害の対立が生じることもあり、本来は家族は家族、また、精神に障害のある人々は当事者として、政策決定過程に参画し、意見を述べることがそれぞれの権利の実現の点からは望ましかったはずである。残念ながら、1960年代に精神に障害のある人自身を行政機関の会議に参画してもらう発想はなかった。わが国で初めて精神に障害のある当事者自身が政策決定過程に参画したのは家族委員の参画から30年以上が経過した1997年、長崎県精神保健福祉審議会においてである。

　続いて、年表上注目すべきは、大阪府精神保健福祉審議会医療人権部会への当事者委員の参画である。1993年の大和川病院事件以後、大阪府精神保健福祉審議会は精神科病院に入院する患者をはじめ、精神に障害のある人々の人権擁護に向け真剣な議論が交わされた。この時に大阪精神医療人権センターの事

表序－1：精神保健福祉領域の政策決定過程に関連する重要事項と精神に障害のある当事者委員と家族委員の動向

	精神保健福祉に関する重要事項	精神障害当事者委員・家族委員の動向
1950年	精神衛生法制定、公布。 精神衛生審議会設置。	
1964年	ライシャワー駐日大使事件。 精神衛生法改正に関する精神衛生審議会中間答申提出。	**精神衛生審議会に精神障害者家族が委員として参画（全国精神障害者家族協議会東京部会長）。**
1965年	精神衛生法改正。 地方精神衛生審議会設置により、これまでの精神衛生審議会が中央精神衛生審議会に改称。	全国精神障害家族会連合会設立。
1980年	中央精神衛生審議会が公衆衛生審議会に統合、精神保健福祉部会設置。 リハビリテーションインターナショナル世界会議で障害当事者が各国代表委員の過半数を障害当事者にすることを要求。却下。	
1981年	国際障害者年。	障害者インターナショナル（DPI）設立。
1984年	宇都宮病院事件[注4]。	
1986年		障害者インターナショナル（DPI）日本会議を発足。
1988年	精神保健法施行。	
1993年	障害者基本法施行。 大和川病院事件。	全国精神障害者団体連合会設立。
1995年	精神保健福祉法施行。	
1997年		**長崎県精神保健福祉審議会に当事者委員が参画。**
1998年	大阪府精神保健福祉審議会に医療人権部会を設置。	**大阪府精神保健福祉審議会医療人権部会に当事者委員が参画。**
2001年	厚生省と労働省が統合し厚生労働省に。 公衆衛生審議会が廃止され、社会保障審議会および医道審議会に移管。 社会保障審議会障害者部会精神障害分会設置。	
2002年	障害者権利条約制定のための特別委員会作業部会設置。	障害者権利条約制定のための特別委員会作業部会に当事者委員が参画。
2003年	「精神保健福祉の改革に向けた今後の対策の方向」（精神保健福祉対策本部中間報告）発表。 心神喪失等医療観察法成立。	
2004年	「精神保健福祉の改革ビジョン」報告。 「今後の障害保健福祉施策について（改革のグランドデザイン案）」公表。 発達障害者支援法成立。	

2005年	障害者自立支援法成立。	
2006年	国連障害者権利条約採択。 地方精神保健福祉審議会が必置から任意設置へ。 自殺対策基本法成立。	
2009年	障がい者制度改革推進会議設置。	
2010年	障がい者制度改革推進会議開催。 第一次意見書、第二次意見書を提出。	**障がい者制度改革推進会議に精神に障害のある人を含む当事者委員と家族委員が過半数参画。**
2011年	障害者基本法改正。 障害者政策委員会設置。	障害者政策委員会に当事者委員・家族委員が参画。
2012年	障害者総合支援法制定。 障害者虐待防止法施行。	
2013年	障害者差別解消法制定。 WHOが包括的なメンタルヘルスアクションプランを採択。 精神保健福祉法改正。 アルコール健康障害対策基本法成立。	障害者差別解消法作業部会に当事者委員参画。
2014年	国連障害者権利条約批准。	
2016年	障害者差別解消法施行。	

務局長（当時）が当事者委員として参画し、盛んにアドボカシー（政策提言）を行った。詳細は第1章第3節に示す。

その後の特筆すべき事項としては2010年の障がい者制度改革推進会議に精神に障害のある人を含む当事者委員と家族委員が全委員の過半数を占めたことである。第一次意見書、第二次意見書作成までには集中的な審議が行われ、委員全員の力が結集した。

2013年にWHOは2013〜2020年の包括的なメンタルヘルスアクションプランを採択した（WHO 2013）。その中に、「精神障害と心理社会的障害を有する人々のエンパワメントの原則として精神障害と心理社会的障害を有する人々は、権限を付与され、メンタルヘルスの政策提言、政策、計画、法令、サービス提供、モニタリング、研究、評価に含まれるべきである。」ことが述べられている。WHOのメンタルヘルスアクションプランの中に人権の付与が記載されたことに加え「メンタルヘルスの政策提言」の記述もあり、精神に障害のある人々がアドボカシー（政策提言）する存在であることが明確に示されている。

これまで精神に障害のある人々の権利回復、政策決定過程への参画、政策決

定過程でのアドボカシー（政策提言）の重要性、先行研究、政策決定過程参画の歴史について述べた。以下の章では、精神に障害のある人々が実際にどの程度参画の機会を得、また、アドボカシー（政策提言）を実現しているのか、できないとすれば課題は何かを明らかにしていく。本書では特に、精神保健福祉に特化した地方精神保健福祉審議会に焦点化し、検討を進めていく。

まとめ

　これまでのことから、本書は障害者権利条約が示す「障害のある人は権利の主体である」という理念を主張の根幹に置くものである。これまで、人権の範疇に障害のある人々が含まれていなかったことから、障害のある人々が権利の主体となるためには、社会の変革が求められる。特に、障害のある人は「スティグマとしてのインペアメント」を持ち、主体的に生きることを自ら断念する可能性があることから、適切な配慮が求められる。本書は精神に障害のある人々が権利の主体として広く認知されることを示す一つの実践例として、地方精神保健福祉審議会の当事者委員としての参画の実現と当事者委員によるアドボカシー（政策提言）の実践について明らかにする。

　なお、本書においては「障害者」「当事者」という用語の使用は極力控えた。これらのことばから差別的な意味合いが生じる場合があるからである。障害のある人を人一般の中に包摂するのであれば、「障害者」という別カテゴリーで括る必要はない。英語ではMentally Disabled PeopleからPeople with Mental Disabilitiesへと変化し、最近では国によってPeople with Mental Health ProblemsやLived Experience Peopleなど障害の意味合いが薄まっている。本書で、説明上の必要がある時は「精神に障害のある人々」とし、精神疾患の経験を伴って会議の委員を務める人には「当事者委員」という語を当てる。

本書の構成

　本書の序章では政策決定過程における精神に障害のある人々の参画の意義とこれまでの歩みを明らかにした。第1章は政策決定過程への精神に障害のある

人々の参画の実際とアドボカシー（政策提言）をアメリカのカリフォルニア州、オーストラリアのニューサウスウェールズ州、大阪府を例に示す。特に、地方精神保健福祉審議会に匹敵する各国の審議会における当事者委員の参画やアドボカシー（政策提言）を実現可能とする環境要因について検討する。第2章では地方精神保健福祉審議会における当事者委員参画の概況に関する質問紙調査結果を示す。2011年度、2014年度、2017年度の3期の調査結果を比較し、当事者委員の参画の推移、当事者委員に対する評価、当事者委員参画に関連する要因について考察する。第3章では審議会の議事録をもとに当事者委員の発言内容を中心に取り上げ、精神に障害のある人々のアドボカシー（政策提言）の可能性について検討する。第4章では地方精神保健福祉審議会に参画する当事者委員への聞き取り調査をもとに、当事者委員の活躍と意義を明らかにする。また、当事者委員がアドボカシー（政策提言）を実現する上で影響すると思われる行政担当者との関係、当事者活動との関係についても明らかにする。第5章は地方精神保健福祉審議会を担当する行政担当者への聞き取り調査をもとに当事者委員の参画がある都道府県等とない都道府県等を比較し、行政担当者からの当事者委員への評価、アドボカシー（政策提言）の実現に向けた行政担当者の受け止めの実際を示す。また、当事者委員の参画がない都道府県等については参画実現に向けたプロセスについて考察する。第6章はこれまでの調査研究の結果から、精神に障害のある人々の政策決定過程への参画とアドボカシー（政策提言）の実践についてまとめ、精神に障害のある人々が権利の主体として政策決定過程に関与する意義について展望する。

注1）本書で取り上げる障害者権利条約は、川島らの訳を使用した。
注2）パラダイムとは範型やモデルを表すギリシャ語の「パラディグマ」に由来する。クーンは科学者が問題の解法を学ぶ「模範的な例題解答」へと意味を転用した。
注3）「私たちなしに私たちのことを決めないで」と訳されるものが多いが、三田はそれを肯定的な表現に意訳して用いており、本書では採用した。
注4）1984年に宇都宮市にある精神科病院で、看護助手による患者暴行死事件が生じた。あわせて無資格者の医療従事者による医療行為や不必要な入院等が発覚した。国連から日本政府が非難され、精神に障害のある人々に対する人権侵害の改善に向け、法律が改正され、1987年に精神保健法が成立した。

第1章
政策決定過程への精神に障害のある人々の参画
―― 諸外国との比較から ――

　障害者権利条約成立以後、政策決定過程に障害のある人々が参画することは当然の権利と考えられるが（藤井2010）、参画はまだ限定的であることを第1章で示した。諸外国に目を向ければ、たとえば、アメリカはADA（障害を持つアメリカ人法）成立後、障害のある人々が社会の一員として権利を拡大し（植木2015）、オーストラリアにおいても1993年以降、精神保健戦略を5年ごと打ち立て、精神に障害のある人々の人権と尊厳を遵守する方向性が示されている（Anglicare Australia2016）。

　そこで、わが国の精神に障害のある人々が政策決定過程に参画し、アドボカシー（政策提言）を実現する上で他国の例を参考としたい。障害のある人々が政策決定過程に参画する先進地として抽出するのは、第1節ではアメリカ・カリフォルニア州、第2節ではオーストラリア・ニューサウスウェールズ州（以下、NSW）である。これらを踏まえ、第3節ではわが国の先進的な事例として、当事者委員が政策決定過程に参画し、アドボカシー（政策提言）を制度化につなげた大阪府の例を紹介する。第4節ではカリフォルニア・NSW・日本の審議会を比較し、当事者委員の政策決定過程への参画とアドボカシー（政策提言）について検討する。

第1節　アメリカ・カリフォルニア州の場合

　カリフォルニア精神保健計画審議会（California Mental Health Planning Council、以下、カリフォルニア審議会）[注1]はカリフォルニア州法1914条に規定されるカリフォルニア州の諮問委員会の一つである。特に、深刻な精神疾患を持つ成人、重篤な精神障害を持つ児童、高齢者、その他の精神疾患や感情の問題を持つ人々の擁護を提供し、カリフォルニアの精神保健サービスの予算の割当と妥当性を監視、検討、評価するためのもので、管轄はカリフォルニア州保健医療サービス部（California Department of Health Care Services）である（CMHPC 2016）。

　アメリカの諮問委員会とは春日（2001）によれば「委員会、院、会議、評議会、協議会、審議会、専門委員会もしくは類似のグループまたは小委員会もしくは下位グループであって、大統領または連邦政府の一以上の行政機関もしくは連邦公務員に、助言または勧告をするためのものをいう」とある。

　一方、わが国の審議会の場合は、国の審議会が国家行政組織法第8条、また、地方審議会は地方自治法第138条4項3に規定される附属機関である。「法律の定める所掌事務の範囲内で、法律又は政令の定めるところにより、重要事項に関する調査審議、不服審査その他学識経験を有する者等の合議により処理することが適当な事務をつかさどらせるための合議制の機関を置くことができる（国家行政組織法第8条）」「普通地方公共団体は、法律または条令の定めるところにより、執行機関の附属機関として自治紛争処理委員、審査会、審議会、調査会その他の調停、審査、諮問または調査のための機関を置くことができる（地方自治法第138条4項3）」とある。

　これら、アメリカの諮問委員会とわが国の審議会について永井（1967）は「アメリカの諮問委員会によく似た制度として、わが国の「審議会」をあげることができよう。」と指摘しており、本書でカリフォルニア審議会を地方精神保健福祉審議会（以下、審議会）の比較対象と考えることは妥当と考えられる。

　今回、アメリカの中でも特にカリフォルニア審議会に注目したのは審議会委員の構成を重視したことによる。カリフォルニア州法1914条C項2-Bに「審議

会委員の半数以下が州の職員や精神保健サービスのプロバイダー[注2]であること」とあり、委員種の定数は当事者委員8名、家族委員8名、権利擁護者4名、専門職12名、行政担当者8名である。このように当事者委員・家族委員・権利擁護者ら当事者サイドの委員が、全委員の半数を占める。カリフォルニア審議会はサービスの提供者側と利用者側を同数とし、メンバーの力関係を量的に対等としていることが読み取れる。

　カリフォルニア審議会がわが国の審議会と比較可能である点と、当事者参画の点で先進的と考えられることから、本書の調査対象とした。そこで、カリフォルニア審議会の関係者への聞き取り調査から、カリフォルニア審議会の概要、当事者委員が参画に至った経緯、当事者委員の役割、当事者委員に対する評価、カリフォルニア審議会の内容と当事者委員の発言内容を明らかにする。

1）研究方法
(1) 調査方法
①調査日時

　カリフォルニア審議会は毎年1、4、7、10月の、4半期に1度開催されることから、2016年第2期の会議を傍聴した。日時は2016年4月20日13：30から17：00である。また、カリフォルニア審議会のJane Adcock事務局長への個別インタビューと、当事者委員および事務局長とのグループインタビューを審議会開催前後の時間に実施した。

②調査対象と実施場所

　カリフォルニア審議会が開催されたサンフランシスコ内のホテルの1室で聞き取り調査を実施した。個別インタビューの対象はカリフォルニア審議会事務局長1名、グループインタビューは現当事者委員6名、前当事者委員1名と、前出の事務局長である。基本属性は表1-1に示した。

③調査・分析方法

　インタビューは事前に事務局長にインタビュー・ガイドを送ったが、できるだけ自由な発言を尊重した。また、限られたインタビュー時間であることから、書面でも回答を得ており、加えて関連資料も入手した。本書の分析には書面による回答と、関連資料も含まれる。インタビュー時は英語通訳者の協力を

表1-1：聞き取り調査対象者の属性

対象者	性別	居住地域[注]	人種
現当事者委員A	女性	ベイエリア	コーケジアン
同上B	女性	中央	コーケジアン
同上C	女性	中央	アフリカンアメリカン
同上D	女性	南	アジア/アフリカンアメリカン
同上E	男性	ベイエリア	コーケジアン
前当事者委員F	男性	不明	コーケジアン
事務局長	女性	中央	コーケジアン

注：「ベイエリア」はサンフランシスコを含むカリフォルニア州の中西部、「中央」はネバダ州に隣接する中東部、「南」はロサンジェルスを含む南部、この他、居住地域としてオレゴン州と隣接する「北部」があるが、該当者がいなかった。

得た。

④**倫理的配慮**

聞き取り調査対象者に研究の目的、内容、研究発表と文書化について書面を取りかわした。本章の調査に限らず、本書で扱う質問紙調査と聞き取り調査から構成される調査研究の全体については平成26年度と平成29年度に日本医療大学研究倫理委員会に申請し、承認を得た（承認番号26-2、29-7）。第1章に関する聞き取り調査ではご本人の了解が得られた場合、文中に実名を記載している。第2章以降については、「倫理的配慮」の記載は割愛する。ただし、第3章は倫理的配慮について特記した。第4章については承認を得た2014年以前に取得したデータが含まれるため、遡り、対象者に文書を送付し、同意書の返送を得た。

2）カリフォルニア審議会の概要
(1) 設立経緯

設立の経緯は、カリフォルニア州が1960年代から進めたメンタルヘルス政策の策定と計画に一般市民の意見を得るため、カリフォルニア州保健医療サービス部から独立した諮問委員会を設置し、これがカリフォルニア審議会の前身となるものであった。当時、カリフォルニア州保健医療サービス部をはじめ、国全体が精神科病院入院者の脱施設化の進展を期待したが、退院後、ホームレスや犯罪に関わる人が増加した。改善のため、1991年にRealignment（再編）

法が成立した。この法律に対応し、1993年に先の諮問委員会をカリフォルニア審議会に改編し、精神保健計画の責任と資金調達の役割を担うものとした。Realignment法により精神保健福祉に関するプログラムの多くが州の管轄から郡に移り、専用基金が設立され、郡が自由にできる財源を確保し、自主性と柔軟性の向上が可能になった（竹端2008）。カリフォルニア審議会は、各郡から一般市民の意見を得、計画、再配置された精神保健計画の実績の評価をする責務を持つ（CMHPC 2016）。一般市民の中には精神疾患の経験を持つ当事者委員が含まれる。

(2) 目的

カリフォルニア審議会の設置の目的は、前述のように①重篤な精神疾患を持つ成人と重篤な精神障害を持つ児童と高齢者のためのアドボカシー、②カリフォルニア州の精神保健システムの妥当性と実効性のモニタリングと報告、③知事と議会に優先議題について助言し、州計画に関与することである。また、審議会は州計画を再評価し、審議会委員が承認するまで州計画を実施に移させない権限を持つ。

(3) 構成と開催数

構成は本会議と、①アドボカシー委員会、②継続的システム改善委員会、③保健医療統合委員会、④患者の人権委員会、⑤執行委員会の5委員会から成る。①アドボカシー委員会は、報道機関を通じ、一般の人々の精神保健に関する意識を高め、地方のアドボカシー機関と協力し、ケアの質を向上させ、提案された法律やルールや予算法案に意見を出す。②継続的システム改善委員会は、カリフォルニア州の公共の精神保健サービスを監視し、検討し、評価し、優れたサービスが全域に共有・拡大されることに努める。③保健医療統合委員会は、カリフォルニア州の精神保健システムに影響を与える連邦医療改革に起因する多数の課題を追跡・対処・対応するための枠組みを構築する。④患者の人権委員会は、カリフォルニア州の精神保健システムに則った効果的、タイムリーかつ人道的な治療を受けるための患者の権利の保護や支援に関する改善、監視、検討、評価を行う。⑤執行委員会は、委員会と事務局との連絡調整を行う。

本会議は年4回、小委員会は各々月例会議を開催し、カリフォルニア審議会委員はいずれかの委員会に所属し、必要に応じ、任意の作業部会や研修等に参加することが期待される。

(4) 委員構成

委員構成と選出方法は、前述のように、当事者委員、家族委員、権利擁護者あわせて20名、専門職と行政担当者が20名である。審議会委員の半数以下が州の職員や精神保健サービスの提供者であることが法律に明記されている（US Code 2019）。委員に報酬はないが、4期とも異なる地域で開催される会議の交通費・宿泊費が支給される。委員はカリフォルニア州内の4地域（北部、中央、ベイエリア、南）の各々から人数バランスに配慮し、委嘱される。委員の所属は専門職委員の場合は、精神科医、心理士、大学教員、NPO法人職員、CBHDA（California Behavioral Health Directors Association、以下、カリフォルニア行動保健指導者協会）や、CALBHBC（California Association of Local Behavioral Health Boards and Commissions、以下、カリフォルニア地域行動保健委員協会）やCCMH（California Coalition for Mental Health カリフォルニア精神保健連合 2019）などの関係者からなる。また、当事者委員はそれぞれの地域のMHA（Mental Health America、以下メンタルヘルスアメリカ）（Mental Health America 2019）に所属する場合が多い。

上記団体の概要であるが、カリフォルニア行動保健指導者協会はカリフォルニア州の58郡と2都市（バークレーとトライシティ）の行動保健指導者を代表するNPO法人である。行動保健指導者とは精神保健に関わるサービスと医療スタッフの監督および精神保健機関が精神保健プログラムを円滑に運営するための指導者である。カリフォルニア行動保健指導者協会はカリフォルニア州民のための質の高い、費用対効果の高い医療へのアクセスを保証することを目的とした活動を行う団体である（カリフォルニア行動保健指導者協会 2019）。カリフォルニア行動保健委員協会は地方の行動保健委員会の活動を支援する州全体の組織である（カリフォルニア地域行動保健委員会 2019）。カリフォルニア精神保健連合は精神保健プログラムとケアのための十分な資金を確保し、カリフォルニア州全体の精神保健サービスを安定的に提供することを目指し、精神に障害

のある人々や家族、専門職により構成された団体で、特に、①精神保健上の問題を抱える犯罪者や釈放後に影響を与える施策の監視と評価の実施や、②精神保健サービスを必要とする人々が受ける健康保険の差別の解消や、③薬物乱用により複雑な精神保健上の問題を抱えるホームレス減少のための効果的な住宅の開発を行う（カリフォルニア精神保健連合 2019）。

また、メンタルヘルスアメリカは1909年に設立されたNPO法人アメリカ精神保健協会で、メンタルヘルスアメリカ・ロサンジェルスには日本の精神保健専門職の間で著名な「Village」がある。メンタルヘルスアメリカは精神に障害のある人々の地域生活の安定を支援し、行政の制度・政策策定に関する情報提供や、行政に対しアドボカシー（政策提言）を行う（メンタルヘルスアメリカ 2019）。

委員の選出方法は公募で、応募者はカリフォルニア審議会への要望、現在の活動、所持する資格等を記載し、応募する。その後に電話面接が行われ、性別、人種、居住地域、専門知識の有無等を参考に行政機関が決定する。応募者が募集人員を上回る場合は情報を保管し、次回以降の公募で活用する。

3）当事者委員について
(1) 参画までの経緯
当事者委員が参画に至る経緯については1993年のカリフォルニア審議会設立時から当事者委員が配置され、行政機関は精神に障害のある人々の参画を当然の権利とし、疑問を挟む余地がないと考えていた。

(2) 当事者委員の役割
当事者委員の役割について、行政機関は当事者委員の持つ経験や知識を活かし、カリフォルニア精神保健システム向上のための意見を得ることと考える。事務局長によれば、当事者委員を「政策のよしあしや、政策をより良いものにするために、現状を変化させる必要があるかどうかを知る人たち」と認識し、当事者委員が活躍できるよう必要な支援を行う準備があるという。

また、当事者委員は、多様な視点をもたらす経験と見識から、カリフォルニア州の地域精神保健に必要な意見を表明することを自らの役割と考える。当事

者委員らは、カリフォルニア審議会に参画することで、自尊心が高まり、自分を含め周りの人々へのサポートを考えるよう変化したこと、自分たちが精神疾患患者として見られるのではなく、「人」という認識が共有されたこと等、参画がもたらす効果についても言及した。

(3) 当事者委員に対する評価

　事務局長は当事者委員の評価について「人は経験と共に生きるのであり、カリフォルニア審議会に必要な人は精神に障害のある人々です。私はわれわれの友人であるコンシューマー注3) たちが生き残るために経た困難を尊重し、尊敬しています。私たちは地に足がついた人々がほしいのです。彼らと一緒に仕事がしたいのです。彼らが言わなければならないことに価値を見出したいと思います。」と語った。また、専門職や行政担当者と当事者委員の関係は対等であることが不可欠で、カリフォルニア審議会にはプロバイダー側、コンシューマー側両者の見解が必要だとも述べた。

4) カリフォルニア審議会の内容
(1) 会議内容

　カリフォルニア審議会は2日半通しで行われ、主なプログラムは表1－2の通りである（Adcock 2016）。

　講演の概略は以下の通りである。

①コンシューマーや家族に対するよりよいケアを提供するためのContra Costa郡の取り組み

　Contra Costa郡はカリフォルニア西部のベイエリア地域に位置する人口100万人弱の郡である。各地域に成人用と児童用のクリニックがあり、郡は2つのクリニックを接続しようとしている。改革と思いやりのあるケアと効果的なケアへの取り組みがなされ、ピアプロバイダー（当事者支援員）をコーチとして取り入れている。また、コンシューマーのための安全な環境を確保することを保証し、行政上の障壁を消減させる必要があること、緊急対応のベッド数を増加し、必要に応じ警察の介入もあることを説明した。

②マリファナの合法化

表1－2：カリフォルニア審議会の会議内容

		内　容
初日	午前	各小委員会会議
	午後	①コンシューマーや家族に対するよりよいケアを提供するためのContra Costa郡の取り組みに関するCobaleda-Kegler氏とSeidner氏の講演と質疑応答 ②マリファナの合法化に関する精神科医のBanys氏の講演と質疑応答
2日目	午前	各小委員会会議
	午後	③リスクを予防し、LGBTの青少年の福祉を促進するための家族の重要な役割に関する臨床社会福祉士のRyan氏の講演と質疑応答 ④カリフォルニア行動保健指導者協会（行動健康指導者協会）のO'Neill氏からの報告 ⑤その他：事務局長、各小委員会、保健医療サービス部の報告
3日目	午前	⑥カリフォルニア地域行動保健委員協会のGasco氏による報告 その他：事務局長から行動健康統合計画に関する説明と審議 　　　　講演者の欠席により予定を変更し、審議会委員による質疑 　　　　精神保健サービスの監督及び説明責任委員会報告、行動健康統合計画の継続審議

出典：California Mental Health Planning Council（2016）

　カリフォルニア州では州民の過半数がマリファナの合法化に賛成する。しかし、脆弱な青少年への影響が顕著であり、中退・成績不良・行動上の問題が生じ、精神症状を発症するリスクが倍増することから、学生支援プログラムの必要性、また、患者を犯罪者として扱うのではなく、介入がいること、さらに、医療用マリファナの法規制強化の必要性が述べられた。
③リスクを予防し、LGBTの青少年の福祉を促進するための家族の重要な役割
　LGBTの若者とその家族、地域社会に深刻な影響を及ぼす可能性のあるLGBT問題の予防と介入の方法について語られた。LGBTの若者の自殺率が高く、ホームレスの40％がLGBTと言われ、うつ病発症率も高い点、また、LGBTは家族による被害や嫌がらせを受ける可能性が高く、家族ベースのアプローチが必要である点から、プロジェクトが開始された。拒絶は深刻な心身の障害につながり、受容は幸福を促進するのに役立つこと、家族は市民社会を構築するための潜在的な成果であり、安価で、特別な技術を必要とせず、文化的に調和する選択肢であることが説明された。
④カリフォルニア行動保健指導者協会からの報告
　カリフォルニア行動保健指導者協会では2001年のRealignment法成立以降、恒久的な基盤と成長の課題に取り組んでいる。特に現在住宅に関する法律が成

立しつつあることから、ホームレス防止に取り組んでいることが報告された。
⑤各委員会と精神保健サービスの監督および説明責任委員会報告
・アドボカシー委員会：疾患のある人の地域移行に関わる論理、財政、取り組みと、閉鎖された居住施設について報告された。
・継続的なシステム改善委員会：児童の問題を中心にデータノートブックを作成中であることが報告された。
・保健医療統合委員会：児童への過剰投薬や小児期・青年期の投薬や誤用について検討中、委員会の成果に関する報告書作成中であることが報告された。
・患者権利委員会：委員会は郡の患者の権利に関する精神保健委員会に通知するためのプロジェクトが完了し、委員会の議案とすることを提案した。
・精神保健サービスの監督および説明責任委員会：カリフォルニア審議会の小委員会とは別に、精神保健サービスの監督および説明責任委員会からも報告があった。委員会は財政の透明性に関し、収支残高のすべての財務データを各郡で作成したこと、多くは電子データで報告書を作成したこと、郡の残金を州に戻し他の郡に再配分するためのヒアリングを来月実施すること、州が金銭の流れの方向を変えた後も更新されていない政策と実践の不一致について、カリフォルニア審議会が委員会に関与することを希望した。
⑥ カリフォルニア地域行動保健委員会からの報告
　カリフォルニア地域行動保健委員会からはカリフォルニア審議会との協力の重要性と、カリフォルニア地域行動保健委員会に未参加の郡が必要な支援を得ていない可能性を指摘した。

(2) 当事者委員の発言
　審議会の議事録に記載された発言回数では、当事者委員と権利擁護者が平均6回、家族委員が4回、専門職委員が2.6回、行政担当者が1.5回発言し、当事者サイドの発言が他の2倍以上あった。
　Contra Costa 郡の報告に対し、当事者委員は、他の地域から転居したクライエントのケアの継続性、特に電子データでの継続の可能性、また、警察への依存度が高いことへの懸念、警察の利用よりも予防と教育面からコミュニティグループやワーカーの利用についての提案、ピアスタッフについて、コンシュ

ーマーからのフィードバック等について発言した。講演者は、転居者の支援の継続性を図っているが、電子データで記録するしくみが未整備であること、警察への依存度については通常臨床現場の関係者が最初にクライエントと接触しており、一様に警察官が介入するのではないこと、しかし、精神疾患は暴力と関連するのも事実であることから、警察官のトレーニングの際に、差別的に扱うのではなく、警察官の心根を変えるようはたらきかけていること、また、最近は他のチームメンバーと信頼関係を保てるピアスペシャリストが加わっていること、行動健康管理に関する調査をコンシューマーに行い、コンシューマーからのフィードバックを得ていること、外来患者の日常的ケア・予約・処方箋データ・サービスの利用・警察への連絡回数などのパフォーマンス測定を行うこと等が回答された。

　LGBTについては、当事者委員から、説明の中に有色人種の家族について触れられたことや、貴重な報告に対し感謝のことばが述べられた。

　カリフォルニア行動保健指導者協会からの報告に対しては、San Mateo郡の住宅事情に関する質問、精神疾患を持つ人々は医師や支援システムがある所を求め何十マイルも移動すること、住宅難の問題に対し、内容が完全に確定するまで資金を動かさない方がよいことが提案された。これらに対し、報告者は、カリフォルニア州の住宅金融庁が4億ドルの支出を可能とするが、州のホームレス問題の解決を意図したものではなく、慢性重度の精神疾患の人々に焦点化する必要があることを説明した。

　カリフォルニア地域行動保健委員会からの報告では、各郡の代表を増やすにはどのくらいの費用を必要とするかが質問され、続いて、説明の中で使用されたco-occurring（共存）の用語を明確にする必要性、その用語は薬物乱用者自身ではなくプロバイダー側が使うことの指摘があり、また、アドボカシー委員会の中で薬物使用を学ぶことの提案、薬物使用と精神薬との相互作用の影響についての講演の希望、心身の健康管理から薬物使用のケアまでを段階的に検討することの提案等が出された。

第2節　オーストラリア・ニューサウスウェールズ州の場合

　オーストラリアの精神疾患患者数は人口約2500万人のうち約20％と言われている。オーストラリアの精神科病床数は2016年現在、全国で約12,000床、平均在院日数は17日、再入院率は14.6％である。1960年代のオーストラリアはわが国を上回る人口1000人あたり約3.1床だったが、1990年代には0.5床に減少した。しかし、急激な病床数の削減に見合う地域サービスの充実は当初は進まず、精神保健福祉システムの再構築が必要になった。そこで、1993年から5年ごと、国が精神保健戦略を打ち出し、現在第五次を進行中である。また、精神保健に関する政府予算は第一次精神保健戦略の13億ドルから第五次の57億ドルへと上昇し、2015年予算は90億ドルである。ちなみに、わが国の精神科病床数は1960年に約1床だったものが1990年には約3床、オーストラリアとは逆の展開となり、現在は漸減傾向にあるものの約2.1床である（厚生労働省2017）。また、平均在院日数は2017年時点で267.7日で、オーストラリアとは大幅な違いがある。

　オーストラリアの中でもニューサウスウェールズ州（以下、NSW）は、人口約780万人、オーストラリア最大の都市であるシドニーを擁し、精神保健の面で先進的な地域である。保健医療区が15、保健センターが17ヵ所ある。精神保健に関わる州予算は増加傾向にあり、2017年度の18億ドルが2018年度は21億ドルとなり、主に早期介入や心理社会的支援の強化、長期入院患者の地域移行に充てられている（NSW Government 2018, Mental Health Commission of New South Wales 2017）。

　NSWは行政機関とは独立に精神保健福祉のサービスを監視・検討・改善するためにMental Health Commission（精神保健委員会。以下、MHC）を2012年に設立し、精神保健福祉の改革を推進してきた。MHCは精神に障害のある人々の声を行政の政策に取り入れることに熱心であり、実際多くの精神に障害のある人々が活躍している。たとえば、MHCの職員の中には精神疾患経験者が複数雇用されている。また、MHCを監視、助言する役割を持つNSW Community Advisory Council（NSW地域審議会、以下NSW審議会）には当事

者委員が参画し、MHCが管轄する非政府組織の一つであるBeingは当事者委員の参画を支援する団体である。

　NSW審議会はMHCに助言するための組織であるが、NSW州保健局内に設置される付属機関ではないため、カリフォルニア審議会、わが国の審議会とは若干位置づけが異なる。しかし、MHCはNSWの精神保健に関わる業務を行い、行政機関と独立の組織とは言え、活動資金はNSW州費から出資され、職員は公務員である。そのMHCに助言する役割を持つNSW審議会は、わが国の審議会と近しい位置づけにあることから比較可能と考えられる。

　そこで、MHC職員、NSW審議会の当事者委員、また、当事者委員のアドボカシー（政策提言）をサポートするBeing職員への聞き取り調査を実施した。MHCの概要と関連組織、MHCの報告書、MHCの職員と当事者参画、MHCの意義、また、NSW審議会の概要、当事者委員が参画した経緯、当事者委員の役割・やりがい・MHC担当職員とのつながり、さらに、当事者委員をサポートするBeingの支援内容について明らかにする。

1）研究方法
(1) 調査方法
①調査日時
　調査日時は以下の通りである。
①MHCの職員への聞き取り調査：2019年3月22日
②NSW審議会の当事者委員への聞き取り調査：2019年3月26日
③Being職員への聞き取り調査：2019年3月26日
②調査対象と実施場所
　MHCに聞き取り調査の依頼をし、調査協力の了解と精神に障害のある正規職員の紹介を得た。調査時はMHCのあるシドニー市のGladesvilleを訪ね、2名と面会した。

　NSW審議会の当事者委員についてはホームページで公開されている委員リストから、2014年～2018年までNSW審議会の当事者委員であり、Beingのスタッフ、かつ、現在はMHC副委員長をしているTim Heffernan氏が適任と考え、面会を依頼した。Beingに関する調査は最高責任者が職員を1名指名し、

実現に至った。Beingの職員とTim Heffernan氏への聞き取り調査はBeingのオフィスで実施した。

③調査・分析方法

インタビューは各々、事前にインタビュー・ガイドを送付し、事前準備が可能な状況を設定した。また、MHC、NSW審議会はそれぞれホームページを持つことから著者が事前情報を入手し、関連資料として利用した。本書の分析には聞き取り調査時の回答と、調査時に入手した資料、ホームページで閲覧可能な資料が含まれる。インタビュー時は英語通訳者の協力を得た。

2) MHC (Mental Health Commission　精神保健委員会)
(1) MHCの概要と関連組織

NSWの精神保健が地域重視の考え方に至ったのは1980年代にDavid Richmond (1983)、Brian Burdekin (1993) らが、政府、非政府組織、民間の協力で適切なサービスを行うことを主張したことが大きい。その際に、行政機関とは独立にMHCを設立したことは前述の通りである。MHCはNSWの人々の精神保健と福祉を監視、検討、改善するためのわが国で言うところの第三者機関である。

MHCは2012年3月にNSW議会がMHC法を可決後、7月に設立された。MHCはすべての人々にとってのよりよい精神保健福祉を整え、また、精神的健康問題に関わる対象者に適切な地域精神保健福祉サービスを確実に提供することを目的としている。

MHCはNSWの健康局の管轄であり、行政機関とは独立に設置されているが、運営する職員は州の公務員であり、財源は州予算で賄われている。システム図を図1-1に示す（Mental Health Commission of New South Wales 2019）。

委員長1名のもとに副委員長とディレクターがおり、副委員長は精神保健システム全体を見通し、実施に関わる監視と報告の役割を持つ。システムの監視と報告部署と重点施策・システム改革部署を統括する。具体的には前者がシステムをうまく機能させるよう状況分析や振り返りを行い、「Living Well」を作

第1章 政策決定過程への精神に障害のある人々の参画 53

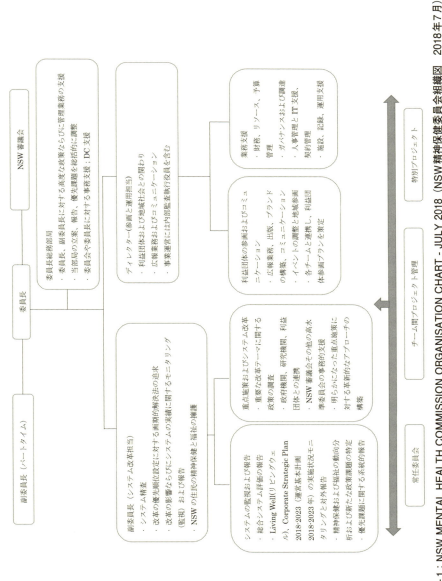

図1−1：NSW MENTAL HEALTH COMMISSION ORGANISATION CHART - JULY 2018（NSW精神保健委員会組織図 2018年7月）

成する。後者は他の行政機関や専門職機関、利益団体と連携し、政策的優先事項を抽出する。また、NSW審議会の事務局を担当するディレクターのもとでは利益団体と協力関係を構築する部署とMHCの財務・人事を管理する。これら全体を監視・助言する役割をもつのがNSW審議会である。

　MHCの特徴の一つはLived experience people（精神疾患の生きた経験がある人々）、家族、親族、介護者の経験を重視し、あらゆる場面に彼らの参画を進めてきたことである。オーストラリアでは精神に障害のある人々をLived experience peopleと表現する。Lived experience peopleの参画を進める理由は、MHCの役割が①精神疾患を経験した人々、その家族や介護者へのより良い対応を支援すること、②精神保健サービスの提供と地域福祉の改善、③現在の精神保健システムのモニタリングと見直しに精神疾患経験者の声を必要としているからである（Mental Health Commission of New South Wales 2018）。

　MHCの他にもNSWでは行政機関、NGO、民間組織の様々な部署でLived experience peopleが活躍している。Lived experience people参画の根拠は以下、4点と考えられる。

1. オーストリアが批准した障害者権利条約の前文と4条3項に障害のある人の政策及び計画に係わる意思決定の過程への積極的な関与が明記されていること。
2. WHOが採択した2013～2020年の包括的なメンタルヘルスアクションプランの中に、「精神障害と心理社会的障害を有する人々のエンパワメントの原則として精神障害と心理社会的障害を有する人々は、権限を付与され、メンタルヘルスのアドボカシー（政策提言）、政策、計画、法令、サービス提供、モニタリング、研究、評価に含まれるべきである。」ことが述べられていること。
3. オーストラリア全国精神保健計画の中にNational Mental Health Policyの「目標④精神障害者や精神疾患のある人の権利を確立し、意味のある社会参加を可能にする。」ことが明確に示され、これらが各州の政策に反映されていること。
4. NSWの行政機関がサービスの利用者の視点を価値があるものと考えること。

　これらの根拠にもとづき、NSW州政府は、精神疾患の経験を持つ人、家族、

親族、介護者など豊富な経験を持つ800人を含む2,000人以上の人々がMHCと協議し作成した『Living Well：NSW 2014-2024における精神的健康のための戦略計画』を2014年12月に採択した（Mental Health Commission of New South Wales 2014）。

また、MHCの副委員長の一人は必ずLived experience peopleが含まれ、初代の当事者副委員長としてFay Jackson氏が就任し、2018年に任期を終了し、2018年12月からはTim Heffernan氏が同役割を継続している。

以下、2名の職員の発言をもとに記述する。

MHCは『Living Well』にもとづき、業務を遂行している（Mental Health Commission of New South Wales 2014）。前出の『Living Well』には2014年からの10年間に医療者とサービス提供者と地域の間に設定された精神保健福祉関連で改善が必要な課題が示されている。MHCはLiving Wellの方向性と進捗状況を監視し、報告する役割を持つ。

また、MHCは5年ごと業務の見直しと、報告が義務付けられ、2012年から2017年の成果がReview of MHCに示されている（Mental Health Commission of New South Wales 2018）。このように精神保健に関わるPDCA（Plan-Do-Check-Act）サイクルが整っているのがMHCである。行政機関は概してPとDを得意とするが、CやAに至らないことがあるが、NSWの場合、法律に則り、改善・発展するしくみが作られている。

MHCの業務が円滑に進むために関連する組織が複数ある。たとえば、①NSW Community Advisory Council（NSW審議会）や②Being（旧名称NSW Consumer Advisory Group-Mental Health Inc：NSW当事者諮問グループ）や③NSW Mental Health Consumer Workers Committee（NSW精神保健ピアワーカー委員会）である。①はMHCを監視、助言する役割を持つMHC内にある審議会である。NSW審議会についてはTim Heffernan氏への聞き取り調査結果のところで説明する。②は行政機関の求めに応じ、精神疾患の経験者の意見を答申することを進める団体であるが、BeingについてはBeing職員の調査結果のところで述べる。③はNSW州Health局に雇用されているピアワーカーの委員会である。かれらは州組織の精神保健サービス内で働く公務員であり、正規

雇用か、パートタイムか、ボランティアのいずれかである。ピアワーカーはNSWの精神保健に関する様々な分野の開発・改善のために雇用され、重要な労働者とみなされている。NSW精神保健当事者ワーカー委員会は、ピアワーカーを支援し、彼らが直面する体系的な問題に対処するために存在する。

(2) Review of MHC 2018（MHC報告書2018年版）

　MHCは5年ごとにMHC法（精神保健委員会法）の見直しを行うことを義務付けられている。聞き取り調査時はReview of MHC 2018が発行されて間もなかったことから、報告書の概略について説明を受けた。5年ごとに見直すのはMHCの機能を強化し、変革が必要な点を明らかにするためである。MHCは17の提案をし、MHC法改正の必要の有無について回答している。たとえば、地域福祉の視点を取り入れる必要性からMHC精神保健委員会をMental Health and Wellbeing Commission（精神保健福祉委員会）と改名することや、MHCは3つの主要な機能①戦略的計画、②体系的見直し、③アドボカシー（政策提言）に焦点を当てること、また、MHCは精神疾患の経験のある若年者とLGBTの関わりを強化し、NSW審議会に若年者とLGBTの見解を含むこと、また、アボリジニの人々の社会的・精神的福祉を優先し、MHCが支援することが明記された。さらに、135ページの報告書の随所に精神疾患の経験者の意見を非常に価値あるものとして説明している。

　MHCが精神疾患の経験者の視点を重視することについてMHC職員は「サービスを使用する人がサービスをどのようにするべきかを一番よく知るエキスパートだからなのです。精神に障害のある人たちが精神に障害があるとはどのようなものかを一番知っています。」と語った。MHCでは特に政策提言としてのアドボカシーを重視し、NSWの精神保健システムをどのように変えるかの意見を得、MHCが保健省や地域保健省の大臣や保健センターに報告する。

　オーストラリア内には3つのMHCがあるが、NSWのMHCは戦略プランの策定や精神保健システムの見直しをする役割を持つため、精神疾患の経験者からのアドボカシー（政策提言）を重視する。ビクトリア州のMHCは苦情処理委員会、西オーストラリアのMHCは精神保健サービス提供の役割を持ち、それ以外の州にMHCの配置はない。

現在は、今後5年間の重点目標として設定された6つのキーディレクション（主要な方向性）①自殺対策②コ・プロダクション（精神疾患の経験者の声を拡大し、政策立案者と協力し精神保健システムを設計・提供・評価・改善すること）③早期介入④協働と能力開発⑤福祉の向上⑥説明責任と報告に向け、業務を遂行中である（Mental Health Commission of New South Wales 2018）。

(3) MHCの職員

MHCの常勤の職員は30名で、3名がパートタイム職員である。精神疾患の経験者が複数含まれるが、職員同士は誰がそうかは互いに公にしないのでわからないが、把握している場合もある。精神疾患に対しても、他の疾患同様に必要に応じた配慮がなされている。精神疾患の経験者は他の経験者の気持ちがわかるので仕事上役にたち、経験者でない人は周りの仕事仲間から精神疾患について自然と学ぶことができる。

副委員長は現在9名配置されているが、このうち1名は正規雇用、他はパートタイム雇用で、精神疾患の経験者を必ず含むことがMHC法第8条で規定されている（New South Wales 2019）。

政府は行政機関での障害者雇用を増やす戦略があり、MHCで働くこともその一つである。しかし、実際にMHCの職員になるには厳しい選考があり、採用されるのは簡単ではない。

(4) 当事者参画

精神疾患のある人たちがMHCで雇用され、審議会の委員になる等、参画の機会があるのは、1990年代からオーストラリア全体の考え方が変化したことによる。特に、精神に障害のある人々を擁護する人々、また、本人たちからの声が、長い時間をかけ、変革につながった。当初は専門職や行政職員の理解が得られない場合があったが、それを変えようと試み、実際に変わった。NSWの試みは、他の国に影響を与える実践となり得る。

MHCの職員は日常的にNSW州内の精神疾患の経験者と介護者の所へ聞き取り調査に出向き、州の政策への意見をもらっている。

NSWで精神に障害のある人々の基幹組織としてBeingとMental Health

Carers NSWがある。Beingは精神に障害のある人々のためのもので、Mental Health Carers NSWは主に介護する人たちのためのものであるが、精神疾患を持つ人、家族、精神保健分野で働く専門職も加わっている。Beingは保健センターをはじめ様々な委員会に委員を送り、精神疾患経験者がアドボカシー（政策提言）できる力をつけることをサポートする。Mental Health Carers NSWはNSWに住む精神疾患を経験している人の家族、親戚、友人のために、体系的な支援を提供するNGO組織である。Mental Health Carers NSWは定期的にNSW州保健省および地域保健省に、方針やサービスに関するフィードバックを提供するよう求め、方針、法律、サービス提供の変更に影響を与える。総合介護者委員会、若年者介護者委員会、高齢者介護者委員会、アルコール＆ドラッグケア担当者委員会を持つ。

3）NSW審議会
（1）設立経緯
NSW審議会は2012年に制定されたMHC法第10条に規定される審議会であり、MHC設立とともに設けられている（New South Wales 2019）。

（2）目的
NSW審議会の目的はNSWで生じている精神保健の課題を特定し、NSW審議会で検討し、MHCに助言することである。また、MHCから要請がある課題について検討、助言することもある（Mental Health Commission of New South Wales 2019）。

（3）開催数、委員構成
定例会議は年4回、その他、必要に応じ招集される。委員構成は多様な地域の意見を反映させるため、様々なグループの代表からなる。たとえば、①精神疾患の経験者、家族、介護者②サービス提供者③NSW内の遠隔地に住む人々④文化的・言語的に多様なコミュニティの人々⑤先住民の人々（アボリジニやトレス諸島の人々）である。

2019年に改正された新委員の人数は18人で、このうち4人が当事者委員で

ある。その他は精神科医、一般医、看護師、ソーシャルワーカー、大学教員、心理士、サービス提供者、NGO代表、ユース代表の大学生、介護者らである。

委員の任期は3年だが、欠員が出た場合、同質のグループからの代表を確保することに努めている。

(4) 審議会事務

NSW審議会の事務はMHCに置かれる事務局が担当する。事務局は議題の準備と資料の配布、審議の記録、議事録の作成と配布、会議後に必要事項のフォローを担う。議題はMHC委員長とNSW審議会議長が協議し、事務局が作成するが、NSW審議会委員が議題を提案することができる。委員は開催されるNSW審議会の75％以上に出席することが期待され、定足数は10名である。審議では議論に十分な時間を設け、すべての委員が審議に貢献できるよう配慮されている。

議長は1年間の終わりにNSW審議会のまとめを行う。

その他、MHCとNSW審議会委員の間では定例会議以外に、精神保健に関わる重要な問題や最新情報を交換し、それらについて委員は意見をいうことができる。

(5) NSW審議会の内容

2018年3月7日に開催されたHeffernan氏が参画していたNSW審議会の議事録の要約版の内容を抜粋する（Mental Health Commission of New South Wales Community Advisory Council 2018）。

・Living Well：MHCが2014年に作成した『Living Well』を2014年以降の精神保健政策に反映させるため、指標の見直しや、審議会が今後の報告と監視の役割を果たすための強固な枠組みを提供することが確認された。また、地域福祉を監視するためのデータバンクの開発を検討する。

・自殺予防：NSWの自殺予防の枠組みを保健省と自殺予防諮問グループと共同で作成し、精神保健大臣に報告する。Brideson副委員長からアボリジニとトレス諸島の人々の精神保健と自殺予防政策の実施について発表があった。MHC職員から自殺防止戦略的枠組みの説明があった（NATSILMH

・隔離と拘束：精神科医が作成した報告書の勧告の実施を監視する。
・警察の対応：精神疾患のある人々が地域社会に住むことを支援し、尊厳と尊敬を持って関わることや、メディアで使用される用語について議論した。
その他審議会委員から意見が出された。

以下、聞き取り調査時のHeffernan氏の発言を要約して記述する。
(6) NSW審議会に当事者委員が参画した経緯
前述のようにMHC法でNSW審議会に当事者委員の参画が明記されている（New South Wales 2019）。現在のNSW審議会委員は18名で、通常、当事者委員は2名だが、増員され4名になり、いろいろな職業についている精神疾患の経験者がいる。将来的には、精神の障害によりかなり状態が阻害されている人を呼び込むことも重要と考える。

2013年にHeffernan氏はMHCの副委員長の公募に応募した。応募者が多く採用にならなかったが、代わりにNSW審議会委員として選出された。Heffernan氏は精神疾患発症後に教員として20年の就労経験があり、その他Beingの理事として理事会の議長を務め、Public Mental Health Consumer Workers Committee（精神保健ピアワーカー委員会）で精神保健ピアコーディネーターとしても勤務している。この委員会はNSWの4地区（シドニー地区、イラワラ地区、南地区、西地区）から各2名のピアワーカーを選び、保健センターに精神保健の課題等について報告を行うことを業務としている。その他Illawarra Shoalhaven Suicide Prevention Collaborative（イラワラショールハーベン市自殺予防共同体）（Illawarra Shoalhaven Suicide Prevention Collaborative 2019）、Black Dog Institute（ブラックドッグ会）（Black Dog Institute 2019）、Safty for All（みんなの安全会）で自殺対策やトラウマインフォームドケアに関わっており、それらの活動が評価され委員就任につながった。

2019年1月からMHCの副委員長を務め、ほぼ週1日ペースで年間48日間勤務している。

(7) 当事者委員の役割

　障害者権利条約で「私たちのことは私たちと共に決めてほしい」というスローガンがあり、精神疾患の経験者の声はリカバリーの動きを引っ張るものになると考える。一番よいことは精神疾患の経験者が政策を作成し、システムを導入することに関与することが大切だと思う。MHCを設立する過程やNSW審議会に当事者委員が参画することについて自分たちが発言し、理解が得られたと思う。また、MHCが作成した『Living Well』の改善に意見を述べることができた。

(8) 当事者委員としてのやりがい

　発言することで人の考えを変えることができ、リカバリーについて真剣に考えることができた。リカバリーできれば被害者にならずに済み、精神科病院に影響を与えることができると思う。たとえば、隔離・拘束を減らすことで専門職と話すことができた。われわれが入ることで考え方を変えていけた。

(9) MHC担当職員とのつながり

　委員会のスタッフは当事者委員をサポートし、副委員長らとは様々なことを話すことができる。NSWの人々は精神保健に関心が高く、社会のあらゆる人々からの意見を投入しようという動きがある。

4) NGO法人Being
(1) NGO法人Beingの設立経緯

　Beingの前身は1994年に組織されたNSW Consumer Advisory Group-Mental Health Incである。これはオーストラリアの各州に設立された行政機関とは独立の第三者機関である。1993年から始まった国の第一次精神保健計画に「精神疾患の経験者と介護者を代表するmental health consumer advisory committeeを設立し、維持すること。このadvisory committeeは関係する大臣らに助言を提供する。」と明記されたことにより、精神保健計画を監視する役割を持つものとして、NSWでは1994年に上記団体が設立された。2014年の創立20周年を機に、再編し、Beingに改称し、現在に至る。Beingは

NGO組織で、州が運営資金を拠出し、ピークボディとして位置づく。ピークボディとは基幹組織のことで、NSWの精神保健に直接的に影響を及ぼす中心的な役割を果たす組織を指す。

　Beingの目的は精神に障害のある人々が地域社会の大切な市民として、関連する政策決定過程やサービス開発への参画を促進し、自分たちの見解を政策立案者、サービス提供者、コミュニティで確実に聴かれるようになることであり、活動の主体はアドボカシー（政策提言）である（Being 2019）。

　以下、Being職員の発言を要約し、記述する。

(2) NGO法人Beingの位置づけ

　精神疾患の経験のある人々の貴重な意見をアドボカシー（政策提言）として提供することを支援するのがBeingの活動の中心である。これまで、州議会、行政機関の各種委員会、研修やワークショップでの精神疾患の経験者の発言を支援してきた。Beingはアドボカシー（政策提言）に関わるが、個人の権利擁護は取り扱わない。しかし、オーストラリアは障害者権利条約に批准した国なので、われわれも権利擁護を重視している。オーストラリア国内にBeingのような団体があるのはビクトリア州、西オーストラリア州の3ヵ所である。BeingはMHCと関わりのある基幹組織で、NGOの中でも中心に位置している。

(3) NGO法人Beingの組織

　職員は7名で、このうち5人が精神疾患の経験者である。将来的には職員全員を精神疾患経験者にしたいと考える。役割はCEO（最高責任者）、政策担当、計画担当、学生担当（実習生指導）、事務担当である。常勤職員が4人で、その他は資金の関係でパートタイム雇用である。

　Beingは精神疾患の経験者の声をNSWの政策・立法・サービス提供面に確実に伝える役割を持つことから、これらに関心を持つ会員に支えられている。18歳以上のNSW市民、精神保健サービスの利用者、Beingのビジョン達成に強い関心を持つ人が会員登録できる。

　Beingは理事会を設け、健全に運営されているかを定期的に会員と資金提供者である州政府に報告する。州から補助金を得、他にも特別なプロジェクトを

実施する時に申請し、資金提供されることがある。

(4) NGO 法人 Being の活動

　Beingはシドニー中心部にオフィスがあり、大きなワンフロアを他のNGO団体と共同で使用している。他団体として、たとえばWay-ahead Mental Health Association NSW（精神保健協会NSW：精神保健の普及・啓発・教育を実施する団体）（Way-ahead Mental Health Association NSW 2019）、Mental Health Carers NSW（精神保健介護者団体：精神に障害のある人々をケアする家族、親族、友人のための団体）、Smart Recovery Australia（薬物・アルコール・タバコ・ギャンブル・食べもの・買い物・インターネット等への嗜癖に関わるあらゆる問題を支援する団体）であり、互いに協力でき、都合がよい。また、コンピュータを共有するなどして、州から支給される活動費を有効に使用できる。

　Beingのアドボカシー（政策提言）活動は定期的に参画する会議や、意見表明を求められるものに応じることである。行政機関は委員の依頼がある場合、われわれBeingを窓口とする。たとえば、過去2年間に精神科救急病棟に入院した人の意見を聴きたいなど限定されることがある。最近は拘束・隔離を減少させるために動き出している。きっかけは隔離・拘束の犠牲になった悲しい死があり、一般市民が非常に大きな問題にした。精神疾患の人々はトラウマを持つのに加えて、新しいトラウマが重ねられる。アメリカで提唱されたトラウマインフォームドケアにもとづく臨床的な視点が導入されてきている。

　議会に呼ばれる時は代表が行くだけでなく、複数で行く状況がほしい。みんなの声を聴いてもらい、味方を増やしたいと考える。政策側にはいろいろなルールがあることを知っている。政策の実現は様々な人たちの引っ張り合いの力関係があり、自分たちの得たいことが得られないことはある。

　Beingでは精神疾患の経験のある人たちに会議に参画できるトレーニングをする。そうすることで会議参画に慣れていない人も参画できると考えるようになる。精神疾患の経験者の声を通訳・翻訳する役割として、政府関係者によりわかりやすい内容、話し方のスタイル等を鍛える。

　また、Beingではできるだけ精神保健に関わる政策を知るようにし、関与できるかを考える。発言しても政策につながらない悩みはどこの国も同じかもし

れない。われわれは行政機関を援助する態度を持ちながら、チクチク刺す、両方のやり方をしなければならないと思っている。

(5) 重度の精神疾患経験者の声

オーストラリアでも精神疾患の人が仕事に復帰するのは難しい。また、開示することが心の傷になることがある。神経症、うつ病は受け入れられている印象があるが、精神疾患の人たちに融通をきかせたい職場はあまりないと感じる。

重度の人たちはNDIS（国民障害者保険制度：重大で恒久的な障害を持つオーストラリア人とその家族や介護者のための保険で、2016年から導入されている。NDISの対象は、知的障害、身体障害、知覚障害、認知障害、精神障害のある子どもを含む人々で、多くの選択肢の中から個別のサポートが提供される。）を受けるか、社会福祉事務所から生活保護を受ける。また、長期にわたり精神科病院に住んでいる人もいる。そうした人たちも地域で生活できるようにしたい。

重度の精神疾患の人たちの話も聴いている。たとえば、統合失調症の人の話を聴く。隔離・拘束を体験した人たちに対処する時にはピアワーカーや臨床心理士が同席し、ストレスを感じたらすぐに対処する。

Beingの相談担当者は以前重症の精神疾患になった経験があるので、重度の人たちを揺り動かしたいと思い、関わっている。重度の人たちも大きなプロジェクトチームの一部である。でも、重度の人がこれはできるが、これはできないということはあり得る。それを受け入れることで、重度の人を包括することができる。われわれは彼らがこれはできると言ったら、それで大丈夫だという環境を作り上げることに非常に力を入れている。普通の職場ではなかなかみられない。でもわれわれは融通を利かして動いている。少しできるだけでその人が自信を取り戻すことができる。社会の一部で存在することができる気持ちを持つことができ、自分がガラクタの一人ではないという気持ちを持つことができる。それがリカバリーだと思う。

第3節　大阪府の場合

　大阪府には精神に障害のある人々の人権を擁護する全国的にも希少な認定NPO法人大阪精神医療人権センター（以下、大阪人権センター）がある。精神に障害のある人々の人権侵害に真正面から取り組み、特に、精神科病院に入院している方々の人権を擁護し、精神に障害のある人々に対する社会の理解を促進し、誰もが安心して暮らせる社会を目指し、地道な活動を展開している（認定NPO法人大阪精神医療人権センター 2019-2）。

　活動の柱は①個別相談活動、②訪問活動、③政策提言活動である。①個別相談活動とは、主に精神科病院に入院している方々からの手紙・電話・面会による相談活動である。個別相談の利用者は年々増加し、2018年度は約1,300件の相談に対応し、「外出が可能になった」、「退院支援が始まった」など具体的な成果が得られている（認定NPO法人大阪精神医療人権センター 2019-2）。さらに、医療観察法病棟への訪問も、法律の専門家である弁護士が協力し、実施している。②訪問活動は精神科病院を視察し、入院患者への聞き取り調査をし、その結果を大阪府精神科医療機関療養環境検討協議会にあげ、精神保健福祉関係者の情報共有を図り、改善が必要な精神科病院にはたらきかけている。また、訪問活動の結果を「大阪精神医療人権センターニュース」に毎号報告し、全国の会員が確認できる他、『扉よひらけ①〜⑦』にまとめ、誰もが購入できる報告書を定期的に発行している。③政策提言活動では行政機関に対し、これまで数々の要望書や申入書を提出してきた。たとえば、病棟転換型居住系施設に反対する申入書、相模原事件後の精神保健福祉法の改正に反対する意見書、東海道新幹線内殺傷事件に関する要望書等である。

　精神疾患を発症した場合に安心してかかることのできる精神科医療の実現を目指し、活動する大阪人権センターは、わが国の中に存在する精神に障害のある人々に対する差別や偏見を取り除く上で、大きな役割を果たしていると考えられる。

　この大阪人権センターの副代表は精神疾患の経験者として大阪府精神保健福祉審議会、堺市精神保健福祉審議会をはじめ、行政機関の複数の会議に参画

し、体験を活かした発言を行っている。本調査では委員になった経緯、大阪府精神保健福祉審議会医療人権部会について、審議会の存在意義、精神科医療機関療養環境検討協議会や精神医療オンブズマン制度について、病棟訪問について、行政担当者との交渉のあり方、当事者委員の役割等について語っていただいた。

1) 研究方法
(1) 調査方法
①調査日時
　2013年9月12日に調査を行った。
②調査対象と実施場所
　調査対象者は大阪府精神保健福祉審議会および堺市精神保健福祉審議会の当事者委員である。その他の行政の会議にも複数参画している。
③調査・分析方法
　事前にインタビュー・ガイドを送付し、半構造化面接としたが、できるだけ自由な発言を尊重した。この他、大阪人権センターが発行する書籍・DVD・関係者の論文、また、大阪府の審議会に関するホームページの記述を関連資料として利用した。

2) 大阪府精神保健福祉審議会における答申とその具体化
　大阪府の審議会において、特筆すべきは1998年に医療人権部会を立ち上げ、2000年に意見具申として「精神病院における人権尊重を基本とした適正な医療の提供と処遇の向上について」を答申したことである。
　大阪府審議会が答申するまでには精神科病院における人権の問題を取り扱ってきた関係者の貢献があった。以下、吉池（2015）の報告と竹端（2011）の著述も加え、記述する。
　大阪では1983年から精神科医と弁護士らによる勉強会「精神病院問題懇談会」が開催されていた。1984年に生じた宇都宮病院事件後、こうした事件が二度と起きないように、精神病院問題懇談会は大阪精神医療救援センターを構想し、1985年11月に「大阪精神医療人権センター」を設立し、精神科病院の

劣悪な環境、人権侵害を改善するために、精神疾患を持つ人々、家族、医療従事者、弁護士らが集まり、電話相談、私書箱設置、面会を開始した（認定NPO法人大阪精神医療人権センター 2019-1）。

1986年には大阪市職員による同意入院に関わる精神科病院への贈収賄事件が発覚し、大阪人権センターが大阪市に公開質問状を送り、交渉を続けた。1988年には公的施設、たとえば公衆浴場等への精神障害のある人々の入場制限を撤廃・改正した。

ところが、1993年に地元の大和川病院において、宇都宮病院同様の患者暴行死事件が生じ、大阪人権センターは大阪府への公開質問状を提出、市民集会の開催、民事訴訟の支援、厚生省への要望書提出を行った。その後、1997年に大和川病院は開設認可が取り消され、廃院となった。1998年に大阪人権センターの代表と事務局長（当時）が大阪府審議会に委員として参画し、精神科病院訪問活動と退院促進事業の制度化を提言し、大阪府下の全精神科病院への訪問活動が始まった。

この審議会への参画の打診が行政担当者からあった時に大阪人権センターの事務局長（当時）は「本当にユーザーの声をきちんと反映したいという思いで、声をかけていただいているのであれば、地域生活支援でサポートに関わっている団体、家族会、ユーザー団体、弁護士会、人権センター、これら精神医療のところでがんばっている5つの団体から委員を出して、実質的な参加をさせていただけるなら参加させていただきます。」と回答したことを2013年に著者が副代表に聞き取り調査させていただいた時に聴取している。当時、審議会委員の9割が病院の院長らであったが、事務局長の声を受け、複数の当事者サイドの委員参画が実現した。

1998年、大阪人権センターは大阪精神病院協会の役員会で病棟訪問の必要性を説明し、協力を依頼し、病院協会も大和川病院事件を繰り返さないために、病棟訪問を了解した。1999年、大阪府審議会に医療人権部会が設置され、意見具申に向けた検討がなされ、2000年5月に大阪府審議会は序章で触れた「精神病院における人権尊重を基本とした適正な医療の提供と処遇の向上について」を採択し、大阪府知事に提出した（大阪府精神保健福祉審議会 2000）。

2001年に大阪府精神障害者権利擁護連絡協議会（以下、連絡協議会）が設置

され、先の答申の具体化を検討し、2002年に大阪府審議会は精神医療オンブズマン制度を承認した。行政機関が前例のないことを事業化するには通常相当高いハードルが生じるが、すでに連絡協議会を設け、関連する11団体、たとえば大阪府保健所長会、大阪精神病院協会、大阪弁護士会、大阪精神障害者連絡協議会等、行政機関、精神医療専門職、弁護士、精神に障害のある人々やその関係者の連携があり、答申を実現させる機運があったことで制度化を達成できたと考えられる。精神科病院の透明性を高め、入院患者の人権を擁護するための病棟訪問及び精神医療オンブズマン制度を全国に先がけ、大阪府の制度として実現できたのは、これまでの大阪人権センターの病棟訪問活動が評価されたからであり、大阪人権センターが事業委託を受ける結果となった。実際の活動では、研修を受けたスタッフが精神医療オンブズマン制度として病棟を訪問し、療養環境の視察、医療情報提供、退院等の相談対応等について入院患者から聞き取り、結果を連絡協議会に報告し、当連絡協議会が内容を検討し、個々の病院、またはどの病院にも生じやすい課題を整理し、ホームページに公表した。その結果、改善例が多数生まれた。大阪府の精神医療オンブズマン制度は厚生労働省にも注目されるところとなり、国全体の事業とすることが検討されたが、実現には至らなかった。

ところが、2008年大阪府知事の交代により大阪府財政再建プログラム試案が示され、精神医療オンブズマン制度の予算290万円の全額カットが発表された。存続を求める18,000人の署名が大阪府議会に提出され、存続が全会一致で採択されたにも拘わらず、大阪府知事の判断で事業は廃止された。

その後、2009年に大阪府議会の後押しがあり、「大阪府精神科医療機関療養環境検討協議会事業制度」が開始され、精神医療オンブズマン制度の一部は復活したが、行政からの費用補助はなく、無償で現在も大阪人権センターが取り組んでいる。

3) 大阪府精神保健福祉審議会の概要
(1) 設立経緯

大阪府は1988年に精神保健福祉法第9条第1項に規定する審議会その他の合議制の機関として、大阪府精神保健福祉審議会を設置し、大阪府健康医療部保

健医療室地域保健課精神保健グループが担当する。

(2) 目的
　精神保健及び精神障害者の福祉に関する事項を調査審議し、知事の諮問に答える他、精神保健及び精神障害者福祉に関する事項について意見を具申する。

(3) 構成と開催数
　委員は15人で組織され、委員の任期は3年、通常は年に1回開催される。

(4) 委員構成
　委員は学識経験者、精神医療従事者、社会復帰事業従事者に加え、精神疾患の経験者と家族が参画している。

4）大阪精神医療人権センターによるアドボカシー（政策提言）
　大阪府審議会の活動が目を惹くのは、大阪人権センターの現副代表である当事者委員が精神医療オンブズマン制度の重要性について参画当初から意見表明し続けた点である。竹端（2011）によれば「制度化に至る流れも、行政の枠組み先行ではなく、人権センターの活動実績にもとづく制度化の提言の側面が強い。」と述べており、精神科病院に入院している人々の人権を擁護する活動である病棟訪問の成果を顕在化し、制度化する意義を強調したことが評価され、制度策定に至ったと考えられる。これこそがまさに、わが国における精神に障害のある人々によるアドボカシー（政策提言）である。
　また、成功の要因は以下の3点が考えられる。まず、地元で生じた大和川病院事件を見過ごさず、改善のための方法として精神科病院を風通しの良いものにするために、入院中の患者の声をアドボカシー（政策提言）と捉え、耳を傾けてきたこと、また、病棟訪問のスタッフはトレーニングを受けた一般市民が含まれ、精神科病院の問題について、共に考える人々の裾野を拡大したこと、さらに、病棟訪問の実績の確からしさから行政機関の信頼を得ることができたこと、これらの結果として、大阪人権センターが大阪府審議会を動かし、行政機関と連携し、事業実施できたと考えられる。

しかし、精神医療オンブズマン制度が国レベルでの制度化に至らなかった点、また、大阪府においても制度が縮小したことは、制度・政策の実現がどれほど意義深いものであったとしてもその確からしさだけではないことを物語る。大阪人権センターは、現在も権利擁護を実現する団体を全国の都道府県に1ヵ所以上設立する方向で、さらに前進を続けている。大阪人権センターの副代表が成し遂げてきたことは、当事者委員が確実な成果を達成できることを示すものであった。

これまで見てきたように、行政の重要会議への参画が当たり前のカリフォルニア州や、参画ばかりでなく、行政職員として精神保健福祉領域の計画、政策策定に精神に障害のある人々が加わり、また、議会や行政の会議で当事者委員がアドボカシー（政策提言）することを支援する団体が存在するNSWとは比べものにならない程大きな隔たりがわが国には存在している。しかし、わが国においても大阪精神医療人権センターのようにアドボカシー（政策提言）を実践し、足跡を残してきた確かな活動実践はある。

また、カリフォルニア州もNSWもかつてはわが国のように精神に障害のある人々の声を聴く姿勢がなかった。カリフォルニア州は1990年以降、NSWは2012年以降から変化したのであり、その変化は精神に障害のある人々自身が作ってきたものである。わが国の今後を考える上で貴重な情報を諸外国と大阪人権センターの当事者委員から得ることができた。

第4節　3地域の比較から見えてくるもの

1）審議会の権限の違い

カリフォルニア審議会はカリフォルニア州の精神保健システムの妥当性と実効性をモニタリングすることや、知事と議会に優先議題について助言し、州計画に関与し、州計画を再評価し、審議会で承認するまで州計画が実施されない権限を持つことから、その役割と責任は大きいと考えられる。また、NSW審議会は精神保健の課題を特定し、審議会で検討し、MHCに助言する役割を持つ。対して、わが国の場合は、審議会を多様な意見を聴取する場と位置づけ、

行政機関に対し、諮問、意見具申するが、審議会に特段の権限はない。審議会の場で述べられた意見を、具体的な政策につなげるかは最終的には行政機関の判断である。

　また、わが国の審議会の場合は多くの都道府県等は年に1回、2時間ほどの開催であり、部会や小委員会を常設しないところが多い。この限られた審議時間の半分ほどが行政機関からの報告である。その内容は1年間の各都道府県等の精神保健福祉に関する実績報告や、国からの通達に関連する議題等で占められ、地域に必要な制度・政策について議論を深めきれない場合がある。一方、カリフォルニア審議会もNSW審議会も年4回開催され、審議時間が多く取られているだけでなく、最新の精神保健のトピックに関する講演が複数組まれ、参画委員が情報を得、より一層精神保健の課題に関し、検証できる力が養われていると考えられる。

　カリフォルニア審議会の場合、2016年4月の会議で取り上げられたテーマはマリファナの合法化、LGBTの家族関係、共存障害等、社会問題と絡む重要なテーマが検討されていた。特に審議会で審議する対象に児童が含まれることから、児童期からマリファナ等の薬物依存となった場合、また、LGBTに伴う家族からの拒否等があると、家族との関係性が築けず、学業からもドロップアウトし、社会生活が困難になる場合がある。これら困難を抱える若者や成人を精神保健福祉システムの中で適切にケアする考えが示されている。また、アメリカのCDC (Centers for Disease Control and Prevention) の統計によると4人に1人のアメリカ人が精神疾患を抱え、精神保健サービスに約3,000億ドルを毎年費やさなければならない (CDC 2017)。したがって、カリフォルニア州は改善が必要な逼迫した事情があると考えられる。

　NSW審議会は自殺予防と隔離・拘束の問題に取り組んでいた。オーストラリアの10万人あたりの自殺率は10.7でわが国の27に比べ決して高くはない。しかし、アボリジニやトレス諸島の人々の自殺率は突出して高く、西オーストラリア州のキンバリー地区では42.8を示し（小暮2019）、自殺の背景にある貧困・薬物汚染・精神疾患を総合的に考え、自殺防止戦略を検討する必要がある。また、隔離・拘束については医療者側の理解が欠かせない。これらの対策について審議会で議論されていた。

わが国の審議会とは、権限、開催回数、財政面の事情等が異なるため、単純に比較はできないが、カリフォルニア審議会もNSW審議会も地域の精神保健福祉の課題解決に向け、議論する場であり、参画する委員の貢献が大きいと考えられた。わが国の場合、行政担当者に聞き取り調査を実施すると、参画委員からの提案を貴重なものと受け止める都道府県等がある一方、別な会議で審議されたことを承認する形ばかりの審議会もあり、都道府県等による差がみられる。詳細は第5章で述べる。審議会は地方行政の中では格付けの高い会議であり、審議会で出される意見を地方行政に活かせる可能性を持つことから、行政担当者と参画委員が最大限に審議会の場を活用することが求められる。

2) 当事者委員の位置づけの違い

続いて、当事者委員の位置づけであるが、カリフォルニア審議会は当事者委員、家族委員、権利擁護者が全委員の半数とすることが明文化されている（CMHPC 2016）。委員は公募方式を取り、電話面接による選考があり、条件に適する人を選考する。審議会委員は無報酬で、会議参画に伴う旅費のみ支給される。委員が無報酬に頓着しないのは、政策の形成に参加すること自体が十分な報酬であるとの考えにもとづく（永井1967）。カリフォルニア審議会の当事者委員もまた、自らの意思で委員を担っており、こうした仕組み全体が力のある当事者委員を育て、審議会の機能がより健全にはたらく可能性が考えられる。

NSW審議会も当事者委員の参画がMHC法に明記され、当初2名の当事者委員が4名に増員されたことから、当事者委員の価値が増していることが考えられる。審議会委員は公募され、選に漏れる人がでるほど応募者がある。NSWの場合、審議会委員には報酬が支払われる。当事者委員たちはBeingでトレーニングを受ける等、審議会で発言できるスキルを持つ人々であることを考えれば、報酬を得て役割を果たすことは当然と受け止めている。

わが国の審議会委員は、専門職の場合、関連団体の代表として、たとえば医師会関係、精神科診療所関係、精神保健福祉士会等の役員が審議会委員として推薦されることが多い。本務で多忙の人々に委員を引き受けてもらう対価として行政機関が一定の報酬を支払い、当事者委員に対しても同様である。主体的

に参画するカリフォルニア審議会委員や選考されて当事者委員となるNSW審議会とは意識が異なる。しかし、当事者委員の中には熱心にアドボカシー（政策提言）を実践する人々がおり、カリフォルニア州やNSWのように主体的に参画する当事者委員は多数いる。この点については第3章と第4章で述べる。

　また、当事者委員の役割についてはカリフォルニア審議会の事務局長は「当事者委員は現状を変化させる必要があるかどうかを知る人たち」と述べ、精神保健サービスの利用者だからこそ、運用上の利点や課題についての言及が可能である。また、多くの当事者委員はメンタルヘルスアメリカやカリフォルニア州精神保健連合に所属しており、これらの団体は積極的にロビー活動等を行い、日頃からカリフォルニアの精神保健システムを評価し、意見表明できる人たちである。したがって、審議会の中でも、内容を確認するだけの平易な質問は少なく、また、要望だけを主張するのではなく、講演や議題の内容を理解した上での提言が多くみられた。たとえば、緊急時の介入場面で警察への依存が高いことへの懸念、州政府が住宅対策に資金を投入する場合、ホームレスや中・重度の精神疾患を持つ人を想定することの必要性等が語られた。また、自分は賛成かそうでないか立場を明確にすることを心がけているように見受けられた。

　事務局長が当事者委員の参画を当然と考え、行政の政策や計画を評価できる人々と認識し、専門職や行政担当者と当事者委員の関係を対等と述べたが、当事者委員の発言の内容からもその点が理解できる。事務局長はさらに、当事者委員を「必要な人たち、尊敬する、共に仕事をしたい。」と述べたことは、信頼の現れと考えられる。彼らが活躍できるよう必要な支援を行う準備があるとも言っており、期待の大きさがうかがえる。

　一方、NSWについては、カリフォルニア審議会の事務局長が前述のように「当事者委員は現状を変化させる必要があるかを知る人たち」と述べたのと同様に、MHCの当事者職員が「サービスを使用する人がサービスをどのようにするべきかを一番よく知るエキスパートです。」と語っており、異なる国の行政担当者が近しい内容を語ったことに驚かされる。当事者委員の意見を得、行政の政策を検討してきた職員には当事者委員の価値が熟知されているということだろう。

一方、NSW審議会の当事者委員だったHeffernan氏はそもそもMHCの設立やNSW審議会に当事者委員の参画を進言してきたことが、精神疾患の経験者の役割の一つと考えていた。さらに、参画が実現してからは政策策定やシステム導入に関与することが当事者委員の役割と認識している。Heffernan氏はMHC設立以前からこうした考えを述べてきた人である。
　わが国の場合も、審議会の議事録調査結果から、当事者委員は現状分析やアドボカシー（政策提言）を示す力があり、役割を果たしていると考えられるが、この点については第3章で述べる。しかし、行政担当者が当事者委員の参画を当然と考えるカリフォルニアやNSWとは大きな隔たりがある。しかし、権利意識の高いアメリカにおいても、当事者委員の参画については州により考えが異なることを事務局長は語っている。したがって、現在のカリフォルニアのように、当事者サイドの委員と専門職委員・行政担当者を対等に位置づけることは関係者が力を尽くして作り上げたものと推察できる。
　NSWについてはNSW審議会の母体であるMHCが第三者機関として存在し、Beingが行政機関から資金提供を受けるピークボディである。これらMHC、Beingは考えようによっては行政機関のひも付き団体であり、行政機関の意向に沿った発言をする御用学者ならぬ、御用団体に陥るリスクはある。また、精神に障害のある人々の参画を既成事実とし、形ばかりにならないとも限らない。その点ではカリフォルニアであれ、NSWであれ、わが国であれ、実質をともなった精神に障害のある人々のアドボカシー（政策提言）を作り上げることは、専門職、行政担当者、精神に障害のある人々の対等な関係の中で作り上げていくものと考えられる。

3）民間組織、NGO組織の存在

　カリフォルニアには長期間にわたり活動する民間の団体があり、それらの団体の関係者がカリフォルニア審議会の委員を務めている。たとえば当事者委員の多くが所属するメンタルヘルスアメリカの中でもメンタルヘルスアメリカ・ロサンジェルスは、250人以上のスタッフがおり、その中には精神疾患の経験者が含まれる（メンタルヘルスアメリカ・ロサンジェルス 2017）。この団体は精神疾患を持つ人々のニーズに対応することはもちろん、すべてのアメリカ人が

精神的健康を促進することを目指す。特に精神疾患の治療をがんや心臓病と同様に考え、早期のステージで治療を開始することへの取り組みを行っている。運営は公的資金と財団や企業からの資金援助からなる。メンタルヘルスアメリカのサービス提供により精神に障害のある人々が地域社会で生産的な生活ができており、それに精神疾患の経験のあるスタッフも関わっている。

　メンタルヘルスアメリカは、精神科病院に入院中に虐待的対応を受け、『わが魂に出会うまで』を著した精神保健の領域で著名なクリフォード・ビアース（Clifford Beers）が設立した。メンタルヘルスアメリカは個人的な戦いを国民運動のレベルに引き上げ、行政の制度・政策策定に関し、アドボカシー（政策提言）を行うことを旨とする。したがって、メンタルヘルスアメリカに所属する人々は、精神保健政策に関しサービス利用者側からの意見を述べる力を持つ人たちと考えられる。これら、長い伝統を持つ精神保健に関係する団体があり、日常的に活発なロビー活動等を行うため、容易に行政の重要会議に参画できると考えられる。

　NSWの場合、なんといってもBeingの存在が大きい。BeingはNSW州政府が資金を提供し、精神疾患の経験者と介護者が大臣らにアドボカシー（政策提言）するために設けられた政府お墨付きの団体である。行政機関とはあくまでも独立した第三者機関として位置づく。1000名以上の精神保健サービスの利用者が登録し、日ごろから精神保健の課題に関する声がBeing職員に伝わるしくみがある。中には重度の精神疾患経験者も含まれ、幅広い人たちとの関わりを保っている。

　行政機関から当事者委員の参画が求められる時の窓口はBeingに一本化されている。Being職員は会議参画のトレーニングとして、行政担当者に伝わることばの選択や、話し方のスタイル等を伝え、アドボカシー（政策提言）できる人材を養成している。

　わが国は第3節で述べた大阪精神医療人権センターの活動が当事者委員の参画につながっている。他に東京、兵庫、埼玉、広島にも精神医療人権センターがある（原2018）。また、これらの他、わが国の場合、近年は精神疾患の経験者であるピアサポーターがピアスタッフとして雇用される機会が増えてきた（中田2016）。ピアスタッフたちをつなぐ団体として2014年に日本ピアスタッフ

協会が発足し（日本ピアスタッフ協会2016）、同じく2014年に北海道ピアサポート協会、2015年にYPS横浜ピアスタッフ協会が設立され、これらの団体の中に審議会で当事者委員を務める人たちがいる（北海道ピアサポート協会2017、YPS横浜ピアスタッフ協会2017）。こうしたアドボカシー（政策提言）を実践する団体や、ピアサポート団体が今後アドボカシー（政策提言）可能な人材を輩出する可能性が考えられる。

まとめ

　審議会に当事者委員が参画し、アドボカシー（政策提言）することは、精神に障害のある人々が主体的に政策決定過程に関与することであり、障害者権利条約の実現である。第1章では上記の点について、カリフォルニア州、NSW州、大阪府を比較検討した。カリフォルニア審議会は審議会に与えられている責任や権限が重く、開催日数が長く、会議日程の中に講演等も組まれる。当事者委員の位置づけは他の委員と対等、かつ、共に審議会を担うパートナーと考えられていた。さらに、当事者委員は民間組織に所属し、その団体がロビー活動等を行い、会議等でアドボカシー（政策提言）できる人材が存在する。これらの結果、カリフォルニア審議会への当事者委員の参画は当然の帰結であり、参画によりいっそう活躍の場を広げ、深めていた。

　NSWは行政機関の課ごとに分割された縦割りの業務の進め方では解決できない精神保健福祉に関わる課題を、精神保健福祉にのみ特化した横渡しの部署としてMHCを設けている。こうした委員会方式の利点は通常各課で分断されている業務を連携させることができるため、課題解決が容易になる。その一方で、行政機関の他部署からの指摘や批判が届きにくく、報告書の作成等が画一的、形骸化しやすく、表面的な解決になる可能性は考えられる。

　NSW審議会の当事者委員は障害者権利条約で示された政策決定過程への障害のある人々の関与を実現するべく、早くからNSWに要望し、実現したことの一つがMHCの設立であり、NSW審議会への当事者委員の参画であった。当事者委員らは審議会で発言し、MHCの『Living Well』に自分たちの考えが

取り上げられ、やりがいを感じている。MHCの職員とのつながりは豊富で、思ったことを発言できる。

　NSWで目を惹くのは、精神障害のある人々がアドボカシー（政策提言）することを支援する団体であるBeingが活動していることである。Beingでは精神疾患の経験のある人たちに会議に参画できるトレーニングを行う。行政機関から求めがあれば参画可能な当事者委員を推薦し、議会でのアドボカシー（政策提言）の機会等にも応じる。その結果、精神に障害のある人々の意見が実現に至ることはあるが、様々な人たちとの力関係があり、得たい結果が得られないこともある。しかし、少なくとも対等に議論できる場に当事者委員が参画できている。

　大阪では宇都宮病院事件、大和川病院事件を繰り返すまいと、大阪精神医療人権センターを民間有志が設立し、現在も活発に活動を継続している。精神科病院に入院する人々の人権を擁護するために、病棟訪問を実施し、その実績が評価され、大阪府精神医療オンブズマン制度が成立した。民間団体が手弁当でやっていた活動が大阪府の制度として実現できたことは快挙である。そこに至る過程には審議会等の当事者委員である、大阪人権センターの副代表の功績が大きい。

注
1) California Mental Health Planning Councilは2018年に改称し、California Behavioral Health Planning Councilとなっているが、本書では調査時の名称を使用した。
2) プロバイダー：精神保健福祉領域では精神保健福祉サービスの送り手をプロバイダーと言う。
3) コンシューマー：同じく、精神保健福祉領域で、コンシューマーとは、精神保健医療福祉サービスを利用する者や、精神疾患や精神に障害のある人々を指し示すが、単にサービスの受け手という以上に、自らが受けるサービスに主体的に関与し、自己決定する人々と言う意味合いが含まれる。このような含意を尊重し、本章では精神に障害のある人々を指す場合に、コンシューマーと記述した部分がある。

第 2 章
地方精神保健福祉審議会の設置・開催と当事者委員参画現況調査

　第2章では地方精神保健福祉審議会（以下、審議会）における当事者委員参画の現況に関する質問紙調査結果を示す。2011年度から3年ごとに実施した調査結果を比較し、当事者委員の参画の有無、当事者委員の参画がある場合の委嘱理由や当事者委員への評価等と、当事者委員の参画がない場合の理由や今後の参画予定から、精神に障害のある人々の政策決定過程への参画の可能性について検討する。

第1節　研究方法

1）対象

　Ⅰ期は2011（平成23）年度、Ⅱ期は2014（平成26）年度、Ⅲ期は2017（平成29）年度の審議会に関し、全国47都道府県と20政令指定都市（2011年度は19政令指定都市）の行政担当者に質問紙調査を依頼した。3年ごとに継続調査を実施したのは多くの審議会委員が3年に1度改正されることによる。

2）実施方法

　都道府県・政令指定都市（以下、都道府県等）の障害福祉課等担当部局宛に本書巻末の調査票を書面、または、メールで送付した。2011年度調査のみ質問項目が少ないため電話で確認した都道府県等がある。調査期間はⅠ期につい

ては2011年12月から2012年2月まで、Ⅱ期については、2015年6月から10月まで、Ⅲ期については2018年7月から11月までであった。なお、精神保健福祉法では審議会を「精神保健福祉に関する審議会その他の合議制の機関」とすることから、「精神保健福祉審議会」以外の名称であっても上記内容にあたるものは審議会と同種として取り扱った。

3) 調査内容

　Ⅰ期からⅢ期に共通する質問内容は、①審議会の設置の有無②審議会の開催の有無③審議会委員総数④当事者委員の参画の有無⑤家族委員の参画の有無⑥当事者委員・家族委員数⑦当事者委員の参画がない場合の今後の委嘱予定である。

　Ⅱ期はこれらに加え、当事者委員の参画のある都道府県等には、①当事者委員を委嘱した理由②当事者委員への期待③当事者委員への合理的配慮の有無④当事者委員の参画に関する肯定的評価の有無⑤当事者委員の参画に関する懸念の有無⑥当事者委員増員の予定、当事者委員の参画のない都道府県等には、⑦当事者委員の参画が困難な理由⑧今後の参画の予定を尋ねた。これらの質問項目は当事者委員の参画がある場合は当事者委員をどのように評価し、あるいは、していないかを確認するためである。また、当事者委員の参画がない場合はその理由と、今後の予定を確認した。

　Ⅲ期は、①審議会を設置しない場合の代替会議名②審議会の開催がある場合の開催回数③他会議や部会への当事者委員の参画の有無④当事者からの会議参画の希望の有無⑤当事者団体の把握⑥代表的な当事者団体名⑦当事者の意見を聴く機会⑧公募選出について⑨家族委員の参画がない場合はその理由⑩部署内の専門職と行政職の比率

　続いて、当事者委員の参画がある場合、⑪当事者委員を委嘱した理由⑫当事者委員への期待⑬当事者委員の参画に関する肯定的評価の有無⑭当事者委員増員の予定、当事者委員の参画がない場合、⑮当事者委員の参画が困難な理由⑯今後の参画の予定を尋ねた。Ⅲ期では審議会・当事者委員の周辺状況を把握するため、審議会以外の行政の会議への参画の有無や精神に障害のある人々や当事者団体についての行政担当者の把握の有無、精神に障害のある人々自身から

の会議参画へのアプローチ等を確認した。

4）回収率

回収率は2011年度は66件（100％）、2014年度と2017年度はどちらも64件（95.5％）だった。

5）分析方法

調査結果を、Ⅰ～Ⅲ期ごと、質問項目に沿い、単純集計した。一部のカテゴリーの関連についてはSPSS24.0を用い、Fisherの直接法による検定を行った。

第2節　Ⅰ期からⅢ期に共通する質問事項

1）審議会の設置・開催状況

審議会の設置・開催状況を表2-1に示した。設置・開催の有無の割合は回収数を分母として算出した。2011年度は59件、2014年度は58件、2017年度は57件で、どの年度も概ね9割の設置率であった。2006年に精神保健福祉法が改正され、審議会は必置から任意設置になったことで、設置の大幅な減少が予想されたが、設置自体は大きく変わっていない。設置のない都道府県等の理由は「法改正により必置ではなくなった」「三障害を併せた協議会や審議会で代替」であった。

審議会の開催については、2011年度が56件、2014年度が42件、2017年度が45件で、2014年度、2017年度は7割前後であり、2011年度の約8割の開催率より減少した。開催がない理由は「三障害を併せた協議会等で代替」「議題がない」「しばらく開催していない」であった。

設置に比べ、開催が減少した理由は、審議会が都道府県等の条例で規定されていることによると考えられる。審議会を廃止する場合、大がかりな条例変更の手続きが必要になることから、審議会自体は維持し、実態としては開催せず、必要な審議は他会議で実施するところが増えた。また、「議題がない」「しばらく開催していない」の理由については、審議会で取り扱う議題が生じなかったことを意味する。都道府県等によっては、重要な審議事項がある場合や、

表2−1:審議会の設置・開催の有無

	Ⅰ期2011年度	Ⅱ期2014年度	Ⅲ期2017年度
回収数	66（100%）	64（95.5%）	64（95.5%）
設置あり	59（89.4%）	58（90.1%）	57（89.1%）
設置なし	6（9.1%）	6（9.4%）	7（10.9%）
非公開	1（1.5%）	0（0%）	0（0%）
開催あり	56（84.8%）	42（65.6%）	45（70.3%）
開催なし	3（4.5%）	16（25%）	12（18.8%）

　精神保健福祉法第19条9に規定される指定病院の取り消し時のみ審議会を開催し、定例で審議会を開催しない所があった。中には、通常は定例で開催するが、たまたま調査年度のみ議題がなく未開催だった都道府県等もあった。これら審議会の設置・開催状況から、都道府県等の審議会の位置づけをある程度推測することができるが、質問紙調査は設置・開催状況とその理由のみを尋ねており、詳細については第5章で検討したい。

2）審議会委員の総数

　審議会の総委員数の最頻値は2011、2014、2017年度いずれも15人であった。ついで多いのが14人、20人である。審議会の委員数は各都道府県等の条例で規定されている。そのため委員数変更は難しいが、何名以内と規定する都道府県等だと、最大人数に達していない場合の増加は可能で、当事者委員参画の余地がある。

3）当事者委員の参画の有無

　当事者委員・家族委員の参画の有無を表2−2に示した。「当事者委員参画あり」のカッコ内は審議会の設置がある都道府県等を分母とした。開催がないために委員を選出していない都道府県等もあったが分母の中に含まれている。当事者委員の参画があるのは2011年度が18件、2014年度が23件、2017年度が24件で約3割から4割へと参画率が上昇した。「全都道府県等に対する当事者委員の参画率」も算出した。回答がない所や設置がない所も分母に含まれるが、総じて見ると微増傾向がある。

　個別の都道府県等の当事者委員の参画状況では、①17件が3期連続して当事

表2－2：当事者委員・家族委員の参画の有無

	Ⅰ期2011年度	Ⅱ期2014年度	Ⅲ期2017年度
当事者委員参画あり	18（30.5%）	23（39.7%）	24（42.1%）
全都道府県等に対する当事者委員の参画率	（27.3%）	（34.3%）	（35.8%）
当事者委員参画なし	37（62.7%）	35（60.3%）	33（57.9%）
当事者委員に関する情報を非公開	4（6.8%）	2（3.5%）	0（0%）
家族委員参画あり	42（71.2%）	36（62.1%）	43（75.4%）
家族委員参画なし	13（22.0%）	20（34.5%）	14（24.6%）
家族委員に関する情報を非公開	4（6.8%）	2（3.5%）	0（0%）

者委員の参画あり、②6件が新たに当事者委員の参画あり、③1件が当事者委員の参画がなくなり、④1件が複数当事者委員のうち、1名の参画がなくなった。3期に渡る当事者委員参画の推移をみると、その割合は緩やかに上昇している。一方で、当事者委員の参画がない約6割の都道府県等のほとんどは障害者権利条約批准後も引き続き参画がない状態が続いている。

4）家族委員の参画の有無

　続いて、家族委員の参画は2011年度が42件、2014年度が36件、2017年度が43件で、6～7割の都道府県等で参画があった。

　家族委員については、調査時期により参画数の変動があったが、Ⅲ期の結果によれば、現任者が参画しなくなったあとの代わりがみつからず、一時的に家族委員が不在となり、その後に後任の参画が得られる傾向があった。家族委員は全国各地の精神保健福祉会連合会（家族会）が審議会委員を担う場合が多く、家族会の高齢化、会の規模の縮小がみられ、何らかのサポートがないと将来的には審議会委員を担える人材が枯渇することが懸念される。

5）当事者委員の参画が困難な理由

　Ⅰ期調査では困難理由を質問項目に設けていなかったが、任意で回答があった中には①条例による委員の参加要件に障害のある人を含んでいない②家族を委員とする事で当事者の意見も聴取可能とみなす③当事者団体が複数ありどこに委員を委嘱するか結論が出ていない④当事者自身が委員の重責を考え引き受けなかったとの回答があった。

6）当事者委員の参画がない都道府県等の今後の委嘱予定

表2-3によれば当事者委員のいない都道府県等のうち、次期改選時に当事者委員の委嘱を予定しているのはⅠ期は3件（8.1％）、Ⅱ期は2件（5.7％）、Ⅲ期は1件（3.0％）であった。未定はⅡ期は4件（11.4％）、Ⅲ期はなし、未回答がⅡ期は3件（8.6％）、Ⅲ期は8件（24.2％）だった。当事者委員の委嘱予定は3時期共に少ないことがわかる。

表2-3：当事者委員委嘱予定

	あり		なし		未定		未回答	
	数	割合	数	割合	数	割合	数	割合
Ⅰ期（N=37）	3	8.1	—	—	—	—	—	—
Ⅱ期（N=35）	2	5.7	26	74.3	4	11.4	3	8.6
Ⅲ期（N=33）	1	3.0	24	72.7	0	0	8	24.2

第3節　Ⅱ期、Ⅲ期に共通する質問事項

1）当事者委員の参画がある場合

（1）当事者委員の参画がある都道府県等の当事者委員を委嘱した理由（複数回答）

表2-4は当事者委員を委嘱した理由である。Ⅱ期の場合、「福祉サービスの利用者の意見を得る」（11件57.9％）と「当事者の体験の共有」（10件52.6％）がそれぞれ過半数を占め、「他の障害者関連の会議に倣った」「委員を委嘱するのに適する人材がいた」「知事・市長等の方針として実施した」への回答は1～2割程度だった。

表2-4：当事者委員委嘱理由（複数回答）

	福祉サービスの利用者の意見を得る		当事者の体験の共有		他の会議に倣った		委員を委嘱するのに適する人材がいた		知事・市長等の方針	
	数	割合	数	割合	数	割合	数	割合	数	割合
Ⅱ期（N=19）	11	57.9	10	52.6	4	21.1	3	15.8	2	10.5
Ⅲ期（N=24）	15	62.5	10	41.7	0	0	7	29.2	2	8.3

Ⅲ期も「福祉サービスの利用者の意見を得る」(15件62.5%)と「当事者の体験の共有」(10件41.7%)が多く、「委員を委嘱するのに適する人材がいた」(7件29.2%)、「知事・市長等の方針として実施した」(2件8.3%)、「他の障害者関連の会議に倣った」(0件)が続いた。

過半数の都道府県等でⅡ期、Ⅲ期ともに当事者委員の意見を得たい積極的な理由で委嘱がなされていることがわかる。

(2) 当事者委員に対する期待

表2−5の当事者委員に対する期待ではⅡ期の場合、当事者委員の参画があるすべての都道府県等で「当事者の立場からの発言」(19件100%)が期待されていた。また、「新しい論点の指摘」(6件31.6%)、「積極的な発言」(1件5.3%)も選択された。その一方で、「議案についての理解」「福祉の法律や制度に関する理解」は求められなかった。これらは、精神に障害のある人々としてのあり方が求められているのであって、必ずしも専門職と同等の専門性の発揮を期待されているのではないことが推測される。

Ⅲ期では「当事者の立場からの発言」(22件91.7%)を期待し、また、「新しい論点の指摘」「福祉の法律や制度に関する理解」「積極的な発言」で各々3件(12.5%)、「議案についての理解」も2件(8.3%)選択された。Ⅲ期になると当事者委員の意見を求めつつも、一般的な審議会委員と同様の期待がなされている面も考えられる。

表2−5：当事者委員に対する期待（複数回答）

選択肢	Ⅱ期 (N=19)		Ⅲ期 (N=24)	
	回答数	割合	回答数	割合
当事者の立場からの発言	19	100	22	91.7
新しい論点の指摘	6	31.6	3	12.5
積極的な発言	1	5.3	3	12.5
議案についての理解	0	0	2	8.3
福祉の法律や制度に関する理解	0	0	3	12.5

(3) 当事者委員のための合理的配慮の有無 （Ⅱ期のみ）

　当事者委員に対し行われた合理的配慮は「緊張の低減を図る」「発言の機会の設定」が各2件（10.5%）であった。この他の項目の、「審議内容についての事前説明」「当事者委員複数参加」「開催日時の配慮」は選択されなかった。「その他」として「気心の知れた家族会委員と参加してもらっている。」との記載があった。合理的配慮を行う都道府県等が少ないのは精神に障害のある人々の場合、特別な配慮の必要がないことが推測され、行っているところは安心して参画できる環境を作っていることがわかった。

(4) 当事者委員への肯定的評価の有無とその理由

　Ⅱ期ではほとんどの都道府県等で当事者委員に対し肯定的評価を示している（18件 94.7%）。1都道府県のみ特に肯定的評価をしていないと回答した（5.3%）。肯定的評価の理由として「専門職・行政職とは異なる視点からの情報提供」（13件 68.4%）を選択する場合が多く、次いで「精神に障害のある人に対する理解の促進」（4件 21.1%）「審議会全体の活性化」（3件 15.8%）が続いた。ここでも、精神に障害のある人々としての発言に対し肯定的な評価が得られていることがわかる。

　Ⅲ期でも当事者委員の参画に関する肯定的評価の理由として「専門職・行政職とは異なる視点からの情報提供」（16件 66.7%）を選択する場合が多く、次いで「精神に障害のある人に対する理解の促進」（14件 58.3%）「審議会全体の活性化」（8件 33.3%）が続いた。

　これらから、精神に障害のある人々の視点・指摘が評価されていると思われる。当事者委員への肯定的評価の理由については表2－6に示した。

表2－6：当事者委員への肯定的評価の理由

	専門職・行政職とは異なる視点からの情報提供		精神に障害のある人に対する理解の促進		審議会全体の活性化	
	数	割合	数	割合	数	割合
Ⅱ期	13	68.4	4	21.1	3	15.8
Ⅲ期	16	66.7	14	58.3	8	33.3

(5) 当事者委員への懸念（Ⅱ期のみ）

ほとんどの都道府県等で「ない」（17件 89.5%）と回答し、ある場合は「体調不良が生じる可能性」が2件（10.5%）で、「偏った主張」「能力不足」は選択されなかった。笠原（2011）の自立支援協議会への当事者委員参画の調査結果でみられた「協議に不慣れで他の委員と協働できないと行政担当者からみなされる」傾向は、本調査ではみられなかった。

(6) 当事者委員の今後の増員予定

今後、各都道府県等で当事者委員を増員する予定を表2-7に示した。未定の1件と未回答の2件を除き、Ⅱ期では予定がない所がほとんどだった（18件85.7%）。ほぼ同様にⅢ期も当事者委員の増員の予定があるところは1件（4.2%）のみで、他23件（95.8%）はなかった。

これまでのことから、当事者委員の参画がある都道府県等の委嘱理由と当事者委員に対する期待から、行政担当者は、専門職とは異なる精神保健福祉サービス利用者側の意見や体験を当事者委員に求めていることが示された。当事者委員の参画に対しほとんどの行政担当者は専門職や行政職とは異なる視点の情報提供を肯定的に評価し、当事者委員に対する能力不足や主張の偏りへの懸念はなかった。当事者委員に対する行政機関からの合理的配慮の面では「緊張の低減を図る」と「発言の機会の設定」がわずかに選択されたが、特別な配慮をしていない所が多かった。このように当事者委員の参画がある都道府県等は総じて当事者委員に期待を寄せていることが理解できる。

しかし、これらの評価が増員にはつながらず、カリフォルニアのように過半数参画や、当初2人から4人に増員したNSWとは事情が異なることがわかる。わが国の場合、多くの都道府県等は当事者委員を1名配置したことで役目を果

表2-7：当事者委員増員予定

	あり		なし		未定		未回答	
	数	割合	数	割合	数	割合	数	割合
Ⅱ期	0	0	18	85.7	1	4.8	2	9.5
Ⅲ期	1	4.2	23	95.8	0	0	0	0

たしたと感じ、当事者委員の参画をより促進する傾向はみられなかった。

そのような中、わが国にも複数当事者委員が参画する都道府県等が4ヵ所ある。4ヵ所は審議会委員の参加要件である学識経験者、精神医療従事者、社会復帰事業従事者の3種に加え、当事者委員と家族委員を4番目のカテゴリーとし、4種の人数バランスを考慮していた（松本2016）。実際、精神疾患といっても2大精神病である統合失調症、躁うつ病はもちろん、アルコール・薬物等依存症、高次脳機能障害、発達障害、LGBTなど診断名も様々あり、その他、長期入院経験者、就労経験者、ピアワーカー、重症重複障害を持つ人々等生活状況が異なる多様な人々がいる。複数の当事者委員の参画があるところはアルコール依存症や、地域移行・ピアサポートや、人権等に詳しい委員が参画しており、すべてを1人の委員が熟知しているのではない。この点は専門職委員でも同様である。複数当事者委員や家族委員が参画することで不足や取りこぼしが補われ、専門職委員・行政担当者と対等な関係を築くことにもつながる。審議会の目的である多様な民意の反映の点からも、また、精神に障害のある人々の権利の実現の点からも複数の当事者委員の参画が求められる。

2) 当事者委員の参画がない場合
(1) 当事者委員の参画が困難な理由

Ⅱ期の質問紙調査では当事者委員の参画が困難な理由について選択肢を付け、回答を求めた。表2－8がその結果である。当事者委員参画が困難な理由として、回答が最も多かったのは「条例の参加要件に当事者委員に該当する記載がない」（14件 70%）であり、次いで「家族委員の参画で代用できる」（5件 25%）「当事者選択の公平性が担保できない」（4件 20%）「委嘱する団体等の大枠があり当事者委員が参入する余地がない」（3件 15%）「適する人材がいなかった」「公募したが応募者がなかった」が各1件（5%）であった。

Ⅲ期は選択肢を設けず、自由記述としたが、記述を要約し表2－9に示した。「条例の参加要件に合致しない」が7件（21.2%）、「家族委員で代用できる」が6件（18.2%）、「検討したことがない」が3件（9.1%）、「適する人材がいない」「審議会は医療等専門職で検討する内容」「他で意見をもらっている」「代表する当事者団体がない」が各2件（6.1%）だった。この他、「今後検討していきた

い」「公募したが応募がなかった」「公募で選からもれた」「人選が難しい」「当事者委員を選定する基準がない」「指定病院の取り消し時のみ審議会を開催するため当事者委員の参画を考えていない」「何年も開催していない」があがった。

　これまで当事者委員の参画が少なかった理由として、笠原（2011）は「協議に不慣れで他の委員と協働できないと行政担当者からみなされる」「委員に適する実力のある当事者の不在」「未回答」をあげたが、本調査ではⅠ期からⅢ期を通して「条例の参加要件に当事者委員に該当する記載がない」「家族委員の参加で代用できる」が多く、当事者委員の能力・適性への危惧よりは、条件面の理由が多くあがった。したがって、当事者委員の参画が審議会の絶対的条件になれば、事情が大きく変化することが考えられる。

　「条例の事情」については、多くの都道府県等の審議会条例の委員参画要件が学識経験者、精神医療従事者、社会復帰事業従事者に限定されていることによる。この参加要件を厳密に解釈すれば当事者委員が参画する余地がない[注1]。当事者委員の参画をより明確にするには、内閣府の障害者施策推進協議会や地方の障害者施策推進協議会の専門委員要件が「<u>障害者</u>、障害者の福祉に関する事業に従事する者及び当該専門の事項に関し学識経験のある者のうちから、内閣総理大臣が任命する。」や、障害者総合支援法の「協議会の設置」「地方公共団体は、単独で又は共同して、障害者等への支援の体制の整備を図るため、関係機関、関係団体並びに<u>障害者等</u>及びその家族並びに障害者等の福祉、医療、教育又は雇用に関連する職務に従事する者その他の関係者により構成される協議会を置くように努めなければならない。」（下線は著者が付記）のように障害のある人々の参画を明確に示している。審議会に関する条例も精神に障害のある人々や家族の参画に関する文言を明記すれば、参画は容易になるだろう。

　しかし、前述のように条例改正を行うことはわが国にとっては敷居が高い。NSWのように州法を頻繁に改正し、精神に障害のある人々の意見を聴くことを当たり前とする国とは異なり、わが国の場合、当事者委員の参画がない都道府県等は特段の理由はないが、参画を進める明確な動きが乏しい。

　また、「家族委員の参加で代用できる」については、精神に障害のある人々の場合、家族委員を代弁者としてきた歴史がある。精神保健福祉法の改正で、

現在では保護者制度が廃止され、家族の役割を限定しつつある（桐原2012）。審議会においても、家族委員は精神に障害のある人々の代わりではなく、家族介護者としての発言が期待され、当事者委員・家族委員両者がそれぞれの立場で参画することが望まれるが、いまだ、家族委員を代弁者と考える所はある。

表2-8：当事者委員の参画が困難な理由（Ⅱ期）（N=20）（複数回答）

選択肢	数	割合
条例の参画要件に当事者委員に該当する記載がない	14	70
家族委員の参画で代用できる	5	25
当事者選択の公平性が担保できない	4	20
委嘱する団体等の大枠があり当事者委員が参入する余地がない	3	15
適する人材がいなかった	1	5
公募したが応募者がなかった	1	5
当事者に依頼したが断わられた	0	0
参画に必要な費用や支援が保障できない	0	0

表2-9：当事者委員の参画が困難な理由（Ⅲ期）（N=33）（複数回答）

選択肢	数	割合
条例の参画要件に合致しない	7	21.2
家族委員で代用できる	6	18.2
検討したことがない	3	9.1
適する人材がいない	2	6.1
審議会は医療等専門職で検討する内容	2	6.1
他で意見をもらっている	2	6.1
代表する当事者団体がない	2	6.1
今後検討していきたい	1	3.0
公募したが応募がなかった	1	3.0
公募で選からもれた	1	3.0
人選が難しい	1	3.0
当事者委員を選定する基準がない	1	3.0
指定病院の取り消し時のみ審議会を開催するため当事者委員の参画を考えていない	1	3.0
何年も開催していない	1	3.0

第4節　Ⅲ期にのみ調査した質問事項

1) 審議会を設置しない場合の代替会議名

　審議会を設置していない場合は、他障害や他の目的も含む審議会である医療審議会、障害福祉審議会、保健福祉審議会で代替する場合、または、他障害と併せた協議会・委員会である障害者施策推進協議会、自立支援協議会、市民福祉調査委員会等で審議する場合、また、目的が絞られた精神科救急連絡会議、自殺対策計画策定会議等に分散した場合である。

2) 審議会の開催回数

　1回開催が多く（34件 75.6％）、次いで2回開催（8件 17.8％）、1～2回（2件 4.4％）、不定期（1件 2.2％）であった。

3) 他会議や部会への当事者委員の参画の有無

　他会議としては、他障害と合同の会議である障害者施策推進協議会、自立支援協議会、保健医療計画会議、障害者差別解消会議等に参画する場合、また、審議事項を限定した地域移行連絡会議、精神科救急会議、アルコール関連会議、摂食障害会議、依存症対策会議等である。

4) 精神に障害のある人々からの会議参画の希望

　参画希望が示されたのが19件29.7％、なしが44件68.8％、不明が1件1.6％である。このうち希望がありながらも、当事者委員の参画がないところが7件（19件中36.8％）あった。

5) 当事者団体の把握

　審議会に当事者委員を委嘱する一つのあり方として、全県レベルで活躍する当事者団体に推薦を依頼する方法がある。委員選出の公平性を担保したい行政機関としては代表的な当事者団体の関係者に委嘱することは確からしさの根拠になる。そこで、行政担当者が当事者団体を把握しているかを尋ねた。44件

68.8％は当事者団体を把握し、20件31.2％は把握していなかった。把握していない中には都道府県等内に当事者団体が存在しない場合も含まれる。当事者団体の把握と当事者委員の参画の有無の関連についての検定結果については8)で述べる。

6) 代表的な当事者団体名

精神障害者団体連合会、断酒連合会、精神保健福祉会連合会（家族会）、ピアサポート関連団体のように全国規模の団体の他、地域独自の当事者団体が様々存在した。当事者団体の中に家族会が含まれるのは精神保健福祉会連合会に精神疾患の経験のあるメンバーが加わっていることによる。

7) 精神に障害のある人々の意見を聴く機会

複数回答によるが、最も多かった順に「審議会以外の会議に当事者委員が参画している 30件（52.6％）」、「ピアサポート養成等でピアサポーターと面識があり、意見を聴く機会がある 24件（42.1％）」、「意見交換会等当事者らの意見を聴く機会を設けている 23件（40.3％）」、「当事者と顔の見える関係があり、意見を聴く機会がある 22件（38.6％）」、「当事者の意見を求めたい時に質問紙や参考意見の聞き取り等の調査に協力を得ることがある 11件（19.3％）」、「審議会以外の会議の本会議ではなく、作業部会等のメンバーとして当事者が参画している 6件（10.5％）」、「当事者の意見を聴く機会がない 2件（3.5％）」、「そ

表2－10：当事者の意見を聴く機会（N=57）（複数回答）

選択肢	数	割合
審議会以外の会議に当事者委員が参画している	30	52.6
ピアサポート養成等でピアサポーターと面識があり、意見を聴く機会がある	24	42.1
意見交換会等当事者らの意見を聴く機会を設けている	23	40.3
当事者と顔の見える関係があり、意見を聴く機会がある	22	38.6
当事者の意見を求めたい時に質問紙や参考意見の聞き取り等の調査に協力を得ることがある	11	19.3
審議会以外の会議の本会議ではなく、作業部会等のメンバーとして当事者が参画している	6	10.5
当事者の意見を聴く機会がない	2	3.5
電話や来庁時に話を聴く	1	1.8

の他：電話や来庁時に話を聴く 1件（1.8%）」となっていた。これらを表2－10に示した。

8）当事者委員参画の有無と関連要因の関係

　審議会への当事者委員の参画と、精神に障害のある人々からの参画の要望の有無、当事者団体の把握、精神に障害のある人々の意見を聴く機会5項目、あわせて8項目の関係についてFisherの直接法による検定を行った結果を表2－11に示した。精神に障害のある人々の意見を聴く機会は8項目設定したが、「審議会以外の会議の本会議ではなく、作業部会等のメンバーとして当事者が参画している 」「当事者の意見を聴く機会がない」「その他」は件数が少なく、有意差検定の信頼性が保てないため検定処理から除外した。

　有意差が見られた項目は少なく、当事者委員の参画の有無との間で関係する項目はなかった。差が見られたのは、「精神に障害のある人々からの参画要望あり」と「顔の見える関係」、「ピアサポーターとのつながり」と「顔の見える

表2－11：当事者委員の参画と関連項目の関係（N=57）

	当事者委員あり	当事者参画要望あり	当事者団体の把握	顔の見える関係	ピアサポート関連	意見交換会の機会	参考意見収集	他会議に当事者委員参画
当事者委員あり			0.67	0.47	0.43	0.09	0.35	0.27	0.33
当事者参画要望あり				0.06	0.03 *	0.41	0.54	0.45	0.18
当事者団体の把握					0.06	0.27	0.38	0.28	0.01 *
顔の見える関係						0.02 *	0.36	0.16	0.11
ピアサポート関連							0.09	0.50	0.56
意見交換会の機会								0.41	0.55
参考意見収集									0.17
他会議に当事者委員が参画									

＊＞0.05

関係」、「当事者団体の把握」と「他会議への当事者委員の参画」の3種である。これらから読み取れることは、行政担当者と顔の見える関係があると精神に障害のある人々から行政の会議に参加したい要望を伝えやすく、また、ピアサポーターとのつながりが顔の見える関係になっていることが考えられる。また、当事者団体を行政担当者が把握していると他会議への当事者委員の参画がある傾向が示された。しかし、当事者団体を把握していることと審議会への当事者委員の参画との間に有意差はなく、当事者団体を把握することが審議会への参画につながるというような直線的な参画のプロセスではなかった。当事者団体を把握しているといっても都道府県等によりその内実に差があることが推測される。たとえば、行政機関で当事者団体のリストを作成しているが、個々の団体についてよくわからない場合、また、当事者団体を複数把握しているが全県を代表する団体の存在がない場合、当事者団体の活動内容も中心で活動する人々も十分に把握している場合など、様々な可能性が考えられる。今後は、「当事者団体の把握」を細分化して尋ねる必要がある。

これらのことから、都道府県等には個々の事情があり、その事情を整えた先に精神に障害のある人々による参画やアドボカシー（政策提言）の実現があると考えられる。

9) 公募選出について

審議会委員を公募で選出する都道府県等は審議会の設置がある57都道府県等のうち、9件15.8%だった。しかし、5件では当事者委員の応募がなかった。公募する都道府県等が少ないことに加え、精神に障害のある人々の応募がないのは、審議会に参画したい人々が少ないのか、都道府県等からの公募情報が精神に障害のある人々に届いていないのか、いくつかの可能性が考えられた。

まとめ

第2章では地方精神保健福祉審議会における当事者委員参画の現況を示した。その結果、審議会を開催しない都道府県等が増加、当事者委員の参画は3割から4割へ微増、家族委員は7割前後の参画を保っていることがわかった。審議

会は精神保健福祉領域にとって貴重な審議の場であり、確実な開催、当事者委員と家族委員両者の配置が求められる。また、当事者委員の参画がある都道府県等は精神に障害のある人々の立場からの発言を期待し、当事者委員への肯定的評価が示されていた。当事者委員に対する能力不足や主張の偏りへの懸念はなかった。

　しかし、当事者委員に対するプラスの評価が増員にはつながっていなかった。精神に障害のある人々はそれぞれに得意領域を持っており、個々の領域を活かし、それらが複数集まることで、審議会に多様な民意を反映させることが可能になる。精神に障害のある人々の権利の実現の点からも複数参画が求められる。

　当事者委員が政策決定過程に参画する意義について藤井（2010）は、当事者の参画により審議内容に現実味や信憑性が増すこと、審議の場に同席する関係者への啓発・教育効果、当事者のエンパワメント等をあげた。したがって、当事者委員が政策決定過程に参画することは、会議全体の価値を高める可能性が期待できる。

　審議会は、審議会だからこそ扱える大きな議題があり、多障害合同の会議では精神に特化した課題は十分に扱えず、原則としては他の会議で兼ねることは困難と思われる。また、三田（2012）は「障害者のニーズに関しては当事者が専門家である」と述べたが、サービスの受益者は、政策の良否についての判断ができ、要望を具体的に語ることができ、彼らから得られる直接の声が政策をより良いものにすると考えられる。障害者権利条約の批准後のわが国は、今後、精神に障害のある人々の直接のアドボカシー（政策提言）を政策決定過程に反映させる動きを加速させる必要がある。

　1997年に長崎県で初めて審議会に当事者委員が参画してから20年以上が経過したが、審議会における当事者委員の参画はまだ少ない。この少なさはカリフォルニアやNSWのように精神に障害のある人々の声を聴くことが当たり前ではないこと、行政担当者、精神に障害のある人々それぞれの意識の違いがみられる。しかし、2009年の国の障がい者制度改革推進会議では過半数が障害のある人々であった事実、また、2011年に内閣府に成立した障害者政策委員会は「障害者制度改革の推進のための第2次意見書」を作成し、その段階では

「障害当事者、学識経験者等で構成し、障害当事者が過半数を占める。」としていたことを考えると、審議会における当事者委員の参画、また、過半数配置の主張は突飛なことではない。

　次の第3章では審議会の議事録をもとに当事者委員の発言内容を取り上げ、精神に障害のある人々のアドボカシー（政策提言）の重要性について検討したい。

注1）各都道府県等の例規集を検索し、審議会条例または規則から委員の参画要件を確認すると、①学識経験者②精神医療従事者③社会復帰事業従事者とするものが45件（81.8％）、これらに加え「市の住民」「市長が認める者」「関係行政職員」「関係行政職員に加え精神保健福祉に優れた識見を有する者」を付記する都道府県等がそれぞれ1件（4件、7.3％）、委員の参画要件の記載がないものが4件（7.3％）、審議会に関する条例・規則を設けていないものが2件（3.6％）であった。

第3章
地方精神保健福祉審議会議事録分析

　第2章の審議会における当事者委員参画の現況から、当事者委員の参画がある都道府県等は精神に障害のある人々の立場からの発言を期待し、当事者委員への肯定的評価が示されていた。そこで、審議会の議事録をもとに当事者委員の実際の発言内容を取り上げ、精神に障害のある人々のアドボカシー（政策提言）の可能性について検討したい。これまでの質問紙調査の結果は質問項目に沿い、行政担当者が選択したものである。肯定的評価が得られているとは言え、具体的に何が評価されたかを明らかにすることは難しい。質問紙調査の結果と議事録を並行させ、複合的に考察する必要があることから、審議会場面での当事者委員の発言を抽出し、分析を試みたい。

　議事録を用いた研究として、たとえば、中嶌（2014）のホームヘルプ事業創設時の女性労働問題の分析や、内藤（2015）の難病研究・医療ワーキンググループの議事録を用いた難病対策法制化過程の分析などがある。中嶌（2014）、内藤（2015）共に、分析した議事録の中には当該会議の当事者である家庭養護婦や難病患者が参画しており、当事者の目線も含め課題が分析されていた。

　審議会の議事録は当事者委員の発言だけでなく、その前後の発言者も含め、全体の文脈を把握できる利点がある。こうした第一次資料の分析は、当事者委員ならではの視点を明らかにすることを可能とし、また、行政担当者がとった対応も確認できる。

　以上の点から、第3章では審議会の議事録分析をもとにこれまで示されてき

た当事者委員の評価と役割をより明確にし、当事者委員の参画が審議会に肯定的な影響をもたらす可能性について検討を行う。

第1節　研究方法

1）対象と調査時期

　審議会の議事録は公開されることが前提だが、公開されていない都道府県等が多い。本書では当事者委員を複数配置する4政令指定都市と、近年、新しく当事者委員を配置した3政令指定都市に着目した。その理由は、当事者委員の複数配置や新たに当事者委員を配置する政令指定都市は、精神に障害のある人々の意見を取り入れたい根拠を持つと考えられることによる。対象が政令指定都市に限られるのは、2015年度時点で当事者委員の複数配置、新規参画があるのはいずれも政令指定都市だったことによる。

　調査時点で上記に該当する政令指定都市のうち、議事録に発言者名が書かれていない1市と、初めて審議会に参画した影響か、当事者委員の発言がなかった1市を除き、当事者委員が発言した議事録が存在する5政令指定都市を分析の対象とした。

　議事録分析は2016年1月から2月に行った。

2）分析内容

　表3－1に5市の審議会に関する概況を示した。色付き部分は2015年に全国の都道府県・政令指定都市の行政担当者に実施した質問紙調査や聞き取り調査時の回答をもとにしている。

　①調査対象とした議事録年度は5市の2010年度から2015年度までのいずれかを分析対象とし、多い所で6期分、少ない所でも3期分の議事録を使用した。②審議会の年間開催数は1～2回である。③議事録の入手方法は行政担当者への聞き取り調査時に入手、または、ホームページに公開されたものである。④議事録の表示形式は逐語記録形式が1市、要約版が1市、逐語記録と要約版が混在しているところが3市である。要約版のみの1市はホームページ上に公開された議事録には発言者名の記載がなく、聞き取り調査時に当事者委員の発言

表3-1：5政令指定都市の審議会に関する概況

記号化した政令指定都市名	A	B	C	D	E
議事録	2011年度〜2015年度：5期分	2011年度〜2014年度：4期分	2010年度〜2014年度：6期分	2012年度〜2014年度：3期分	2013年度〜2015年度：5期分
審議会の年間開催数	1回	1回	1〜2回	1回	2回
議事録の入手方法	調査時に入手、または、ホームページ上に公開されたもの	調査時に入手、または、ホームページ上に公開されたもの	調査時に入手、または、ホームページ上に公開されたもの	調査以前に郵送で取得、または、ホームページ上に公開されたもの	調査時に入手、または後日、郵送で取得
議事録の記録の仕方	逐語記録・要約	逐語記録・要約	要約	逐語記録・要約	逐語記録
当事者委員参画開始年	1999年	1999年	2010年	2012年	2014年
当事者委員数	3人	3人	2人	1人	1人
当事者委員の所属団体	断酒会、当事者団体、人権関係団体	当事者団体	断酒会、当事者団体	当事者団体	当事者団体

部分を記した議事録を行政担当者から入手した。⑤当事者委員参画開始年は1999年から2014年の間である。⑥当事者委員数は各市1名から3名である。⑦当事者委員の所属は断酒会、当事者団体、人権関係団体である。

3) 分析方法
(1) 当事者委員の発言数と発言率
　各市の議事録の中から当事者委員・家族委員・専門職委員の発言数をカウントした。カウントの方法は、発言の長短に拘わらず、一人の発言が終了するまでを一つの発話とし、「はい」など内容のない発言は省略し、結果を表3-2に示した。全発言数に占める当事者委員の発言率、全委員数から割り出される委員一人あたりの予想発言率、各市の当事者委員の平均発言率を抽出した。
(2) 発言内容
　当事者委員の発言のうち、特に、他市にも共通する内容や、当事者委員の発言により議論の流れに変化がみられた所や、専門職委員とは様相の異なる発言

を中心に抽出した。必要に応じ当事者委員の前後の発言者や発言内容も記載した。審議内容は項目立てし、一部の発言はそのまま抜書きした。

(3) 倫理的配慮

　各市の当事者委員と行政担当者には研究の目的、内容、研究発表と文書化について文書と口答で説明した。本研究の場合、各市の議事録、審議会委員名簿等がホームページ上で公開されているところが多く、市名、個人名の匿名を担保できないことについては了解を得ている。

第2節　各市の審議会の概要と当事者委員の発言数・発言率

1）各市の審議会の概要

　A市はB市と共に当事者委員は3名である。A市は古くから酒害問題があり、全市で断酒会の活動が盛んで、当事者委員の一人は断酒会の役員である。また、当市の近郊には人権擁護団体があり、その役員が当事者委員を務める。この他、ピアサポート団体の代表も参画し、多様な当事者委員が参画している。開催は年1回である。A市の審議会条例の参加要件は多くの審議会条例において一般的な学識経験者、精神医療従事者、社会復帰事業従事者の他に、「市長が適当と認める者」が付記され、民生委員、所属を持たない者等、精神に障害のある人々を含む一般市民が参画可能である。

　B市もA市と同様、当事者委員が3名配置されている。3名はそれぞれ異なる団体に所属し、当事者活動を長く続けて来た者や就労中の者が含まれる。B市も年1回の開催である。B市は大規模災害を経験した町であり、調査時点では特に、災害対策が障害のある人々目線で審議されていた。

　C市は比較的最近政令指定都市になり、審議会の体制構築は数年前に政令指定都市となったA市やその他の市を参考とした。議題があれば年に2回会議が開催される。委員参加要件に「市の住民」を加え、当事者委員を複数配置した点など、A市との共通点がみられる。審議会委員は学識経験者、精神医療従事者、社会復帰事業従事者、精神に障害のある人々および家族の4種の人数バランスを考慮している。

　D市も最近政令指定都市となり、C市同様、他市を参考としながら体制を整

え、年に1回審議会を開催している。審議会の特徴としては当事者委員と家族委員がよく発言する点である。また、民意をできるだけ反映できるよう行政担当者がはたらきかけを行っていることに特徴がある。

E市は2014年度に初めて当事者委員を配置した。その理由は、障害者権利条約の理念の実現から、様々な場面への当事者の関与を当然と考えてのことである。当事者委員が初めて参画した審議会では、行政担当者が、当事者委員参画の意義の大きさを委員全体に向けて説明した。E市の審議会は通常年2回の開催である。

2）当事者委員の発言数と発言率

当事者委員の発言数と発言率を表3－2に示した。当事者委員・家族委員・専門職委員の発言数は市により、また、開催年、各種委員の人数により差があり、当事者委員の場合、少ない時で0、多い時で9であった。

全発言数に占める当事者委員の発言率は、0％から62.5％まで開きがあり、平均でA市が24.5％、B市が40.2％、C市が13.6％、D市が33.4％、E市が5.1％であった。予想発言率はA市が16.7％、B市が15％、C市が13.3％、D市が7.1％、E市も7.1％で、E市を除き、予想発言率を上回っており、当事者委員が審議会において積極的に発言していたことがわかる。

表3－2：当事者委員の発言数・発言率

記号化した政令指定都市名	A	B	C	D	E
当事者委員：家族委員：専門職委員の発言数	2011年 6：欠席：7 2012年 5：1：11 2013年 2：2：9 2014年 4：2：16 2015年 3：2：8	2011年 7：2：10 2012年 9：1：16 2013年 5：0：8 2014年 4：0：11	2010年 3：1：16 2010年 2：2：15 2011年 7：5：30 2011年 4：2：30 2012年 6：4：25 2013年 2：0：16	2012年 3：5：4 2013年 5：4：3 2014年 欠席：7：15	2014年 2：1：10 2014年 0：3：18 2015年 0：0：14
全発言数に占める当事者委員の発言率	46.2％、29.4％、15.4％、18.2％、23.1％	36.8％、34.6％、62.5％、26.7％	15％、10.5％、16.7％、11.1％、17.1％、11.1％	25％、41.7％、―	15.4％、0％、0％
予想発言率	16.7％	15％	13.3％	7.1％	7.1％
平均発言率	24.5％	40.2％	13.6％	33.4％	5.1％

第3節　5市ごとの審議の展開

　各市の議事録の中から主に当事者委員の発言を抽出した。当事者委員の発言をそのまま記載した部分はかぎ括弧で示した。

1）A市の場合
(1) 2011（平成23）年度
①地域移行
　当事者委員：退院阻害要因に「退院意欲が乏しい」とあるのに対して、「本人のせいにするだけではあまりに安直というか、これまで語られてきた施設病といわれることですね、任意入院なのに、ほとんどの方が閉鎖処遇というような実情で、私たちの訪問した折にも「外が見たい」という声などが結構出てきていました。そうした方々のニーズに対応できるようなサポートを実践することができたのかという検証がここではいるのではないかと思います。」
　行政担当者：進まない地域移行を本人のせいにすることは不適切であった。
　議長：退院促進が遅々として進まず、体制整備が必要である。当事者の意見等も含み進んでほしい。

(2) 2012（平成24）年度
①精神医療審査会
　当事者委員：精神医療審査会で本人面談を経て、結果が出るまでの日数が長すぎるのではないか。
　行政担当者：約40日である。人口規模が近しい全国の自治体を調査中である。

②ピアサポート
　当事者委員：前年3月で地域移行が終了したが、ピアサポート養成講座の今後の具体的な方針について聞きたい。
　行政担当者：相談支援体制の中核を担うセンターで当事者活動を支援し、ピアサポート養成講座も進める予定である。
　当事者委員：ピアサポーターを登録制にし、常に当事者がサポートできる体制整備を願う。

(3) 2013（平成25）年度
①市町村長同意による入院
　当事者委員：「市長同意による医療保護入院についての調査報告概要の「退院ができない理由」が気になりました。20年以上入院されている方の約4割の方が「退院の意思なし」というご説明でした。私たちが病院訪問をさせていただいていると、「外に出ると怖いからねぇ」という表現をされる方が多いです。もう1つ、背景にあるものとしては、「退院したいと病院に言うと、薬が増える」という患者さん同士のうわさが入ってくるために、「退院したい」とはいえない環境があると感じました。（中略）「退院ができない理由」という項目の中に、本当は退院の意思をお持ちであるが口にし難い背景の中で、本人の気持ちを解きほぐしていく地域からの訪問などの関わりが、地域の社会資源としてないというのが項目としてあってもいいはずなのにと思います。」

　議長：市長同意による入院者の代弁をし、権利擁護するしくみを病院の外に持つ必要があり、退院は病院だけでは難しく、地域資源を作るべきであり、継続的に検討がいる。

②ピアサポート
　当事者委員：最近は退院促進の話が薄れている。ピアサポート養成講座修了者の受け皿に精神障害者相談員を加えてほしい。

③自殺対策
　当事者委員：自殺対策にピアサポーターが関われるのではないか。

　専門職委員：再発を要望する一番の力はピアサポートと考える。ピアサポーターを職業化できないか、保護者に代わる代弁者にピアサポーターがなることが考えられる。

　行政担当者：ピアサポート養成講座の受講者の活躍の場として精神障害者相談員、基幹相談支援センター内でのピアサポーターによる相談を検討したい。

(4) 2014（平成26）年度
①ピアサポート
　当事者委員：小中高の教育機関での語り部として、また、企業のリワーク研修、自治会の研修等でのピアサポーターの活用を提案したい。

　行政担当者：昨年度も提案があり、ピアサポート養成講座については見直し

中、受講者の活用についても検討中である。
②精神医療審査会
　当事者委員：精神保健福祉法の改正により精神医療審査会の委員規定が変わり、何名になったか、精神医療審査会の委員が話を聞く対象から家族は外れたのか。
　行政担当者：合議体が増え、委員数が増えた。審査会のマニュアル上は話を聞く対象は請求者と管理者の二者だが、A市は請求者に拘わらず、入院者、主治医、家族の話を聞いている。
③個別プラン
　当事者委員：長期入院者の地域移行支援計画は立てられているのか。

(5) 2015（平成27）年度
①ピアサポート
　当事者委員：ひきこもりサポーターを養成しているが、ピアサポーターによる啓発の役割は大きいので行政の中に組み入れてほしい。精神保健福祉セミナーで当事者講演会を開くのはどうか。
　議長：様々な場面でピアサポーターに活躍してもらうことが重要である。
　当事者委員：ピアサポート養成事業の企画の段階から当事者を参画させるべきだと思う。ピアサポート養成講座を廃止した理由を知りたい。
　行政担当者：養成研修事業は終了し、視点を広げ活動の場を作ることを検討、その際は企画から当事者が参画することを検討したい。
②地域移行
　当事者委員：障害者地域移行体制整備事業で在院患者の面談は行ったか、医療保護入院の患者の退院のためのカンファレンスが義務となり、本人面談を行ったのか。
　行政担当者：本人面談は行っていない。

2）B市の場合
(1) 2011（平成23）年度
①災害対策
　当事者委員：災害以降、すぐに薬がなくなるが、備蓄できないか。

行政担当者：薬務担当の県庁と相談し、安心して避難生活が送れるよう検討したい。
②自殺対策
　当事者委員：B市の自殺者の現況を知りたい。
　行政担当者：前年度より減少している。
③地域移行
　当事者委員：退院促進支援事業にピアの力を活かすべきである。
　行政担当者：退院促進の運営委員会に当事者委員が参画している。精神科病棟内啓発活動に講師として参画してもらい、好評を得ている。今後も当事者の力を得て進めたい。
④障害者権利条約
　当事者委員：権利条約の批准に向け、権利擁護が重要だが具体的に考えているのか。
　行政担当者：障害者差別解消法、障害者虐待防止法を基本とし、権利擁護について体制構築したい。
⑤精神医療審査会
　当事者委員：退院請求してもおそらく退院はない。審査会に人権団体や当事者団体が入るシステムや、積極的な人権擁護策を進めてほしい。施策の客体から権利の主体への流れがあり、それにもとづく権利擁護の施策を推進してほしい。
　議長：非常に重要な指摘である。

(2) 2012（平成24）年度
①個別プラン
　当事者委員：個別プランは相談支援事業所が策定するはずだがやっているのか。そのシステムを長期入院者に知らせているのか。
　行政担当者：相談支援事業所と連携している。
②地域移行
　当事者委員：退院支援に当事者は関わっているのか。
　行政担当者：地域で暮らす当事者が体験を語る場はある。退院促進事業の運営委員会に当事者がいる。

当事者委員：退院支援の当事者を養成する動きはあるのか。
　行政担当者：今のところは考えていない。

(3) 2013（平成25）年度
①災害対策
　当事者委員：災害時、情報がなく、地域の中で差別や偏見があった。援助者のネットワークが必要である。

　当事者委員：アンケート調査結果として、今後災害が起こった時に心配なこととして、医療機関受診や薬をもらえないのではないかという意見が一番多かったと示されていることからも、薬のことへの不安は強いと思う。その辺りをアンケート調査の中で掘り下げられなかったのは残念だと思う。もう一つ、自立支援医療を利用している方は1割負担で受診しているが、本来登録している医療機関と薬局以外を利用した場合、利用者負担は3割となる。災害時に登録している医療機関と薬局を利用できないことも想定されるが、施設に通所している当事者にとっては3割の負担は非常に大きい。以前に話したが、災害時に緊急的に負担を軽減できるものがないのかと思う。

　行政担当者：薬に関する内容が不足と感じた。自立支援医療については国からの通知で一時的に登録機関以外でもよかった。

　当事者委員：身体障害者支援にくらべ、精神障害者はどこにいるかもわからず、手帳を持つ人の情報開示を行政に訴えたが断わられた。自分たちの団体は電話相談を立ち上げたが、医療的介入が必要なケースはまれで、家族や家をなくした人のごく当然な反応が多かった。障害者団体の力を活かし、連携を取ってほしい。

　行政担当者：貴重な意見である。参考となるものを行政担当者に提供してほしい。

(4) 2014（平成26）年度
①災害対策
　当事者委員：災害時は自立支援医療で登録している医療機関以外でも対応できると知ったが、当事者に情報が流れていなかった。手帳を持つ人、医療機関を利用する人に届く形にしてほしい。避難所では食事が提供されたが、自宅で過ごした人は食糧がなかった。避難所で過ごせない人の食事や服薬など大切な

課題を今後具体的に検討してほしい。健常者、障害者に拘わらず、地域のネットワークを見直す必要がある。
　行政担当者：精神障害のある人も避難所を利用できるよう、環境調整を行い、福祉避難所などの利用を検討したい。区の自立支援協議会を通じ、ネットワークについて検討していく。
②ピアサポート
　当事者委員：地域移行のピアサポーターの育成事業について知りたい。
　行政担当者：議会の予算承認前だが、ピアサポーターを育てるのは難しく、相談支援事業所等での体験、実習を考えている。
　当事者委員：実習形式での体験は不安であり、事前に学ぶ機会やイメージを持てる方が本人も実習先も仕事がしやすい。
　行政担当者：ピアサポーターを相談支援事業所に委託している所があるので、話しあい、検討したい。

3) C市の場合
(1) 2010（平成22）年度第1回
①自殺対策
　専門職委員：C市の精神科病床数が足りないと聞く。C市には市民病院がない。
　行政担当者：C市は病床数を満たしているので、新しい病院を作る状況になく、精神科救急体制が必要と思う。
　当事者委員：入院の前にきちんと相談できる、緊急避難できる場所が必要だと思う。専門家と同時になかまとのつながりが大事で入院ではなく救える形を作っていくと良い。
　家族委員：当事者は入院したくない。ゆっくり話を聞いてほしいと言う声を聞く。
(2) 2010（平成22）年度第2回
①自殺対策
　専門職委員：自殺は薬だけでは治らない、周りの理解と関わりに力を入れるべきで、初期救急は連休中も夜間も実施できないのか。

当事者委員：地域で支えてくれる人がいれば隠さずにすみ、悪化しないで立ち直れる。

家族委員：啓発活動で偏見や差別をなくしていくことと家族会では考えている。

行政担当者：自殺のアウトカムは数字だけで捉えられない。困った人の相談の場、解決に至るプロセス、仕組みづくり・地域づくりなどが自殺対策の成果になると考える。

(3) 2011（平成23）年度第1回
①自殺対策

当事者委員：「自殺未遂者等の地域支援ネットワーク構築に関する研究事業」とは何か。

行政担当者：市が大学に委託した調査研究事業で、自殺未遂者が病院から地域に帰った時に地域とどう連携するかを1年間かけて研究する。若年者向け自殺対策も含む。税金を使う以上、目標を定めなければならない。

専門職委員：極力原因の把握が必要だと思う。

専門職委員：救命救急センターに運ばれた人は立ち直ったのか。

行政担当者：大学の研究では未遂者の聞き取りのためのスタッフがいて、社会資源とつながる活動をしている。

当事者委員：私は自殺をはかったことがあるが、議論を聞いて違和感を持つ。数値目標や、原因を明らかにし、対策をたてることは大事だが、数を減らすために何かをするのではなく、根本は苦しんでいる人をどう救うかで、そこから出発し、その結果、数値目標が達成できたならよい。

議長：今の意見は非常にだいじで、目標と手段が逆転することがあってはならない。

家族委員：自殺は孤立だと思う。質の高い相談窓口にすることが大きな対策になる。

行政担当者：精神保健相談は各区の障害福祉相談課で受ける体制があるが、市民相談などでもキャッチできる力量を職員がつけないといけない。

(4) 2011（平成23）年度第2回
①自殺対策

専門職委員：答申の具体性を増すこと、予防も考えた意気込みを示す、メリハリをつけるべき。

　行政担当者：自殺対策連絡協議会条例等を検討中である。

　専門職委員：なぜ自殺対策がC市で必要かについてふれ、審議会としていかに自殺対策が大事かをそえる方がよい。

　当事者委員：この文面では自殺をなくす意気込みが感じられない。協議会全体が自殺をなくそうという気持ちを持つためには当事者など、情熱的になくそうという人を入れ、協議会全体が自殺をなくす空気になるとよい。自死遺族の気持ちを伝えるものを付属で付けるとよい。

　専門職委員：当事者の意見を聞くことが大事である。

　行政担当者：当事者参画が可能かは検討し、協議会以外でも関わってもらうことは可能と思う。

(5) 2012（平成24）年度第1回
①福祉のしおりの周知

　当事者委員：「福祉のしおり」のできあがりが遅い。

　家族委員：情報を知らせることに力を入れるべき。

　当事者委員：自殺企図者は自殺者の何倍もあると思うので周知度をあげる工夫がほしい。

　行政担当者：相談カードを救急車に乗せ、庁内の各課に相談カードとカード立てを配り、民間にもお願いしている。「福祉のしおり」は障害福祉課で把握している団体・事業所に送付している。手帳配布時には渡す。

　当事者委員：広報に「福祉のしおり」ができたという周知はなかった。目に触れる機会を増やしてほしい。

(6) 2013（平成25）年度第1回
①地域移行

　当事者委員：地域移行をどう進めていくのか。

　行政担当者：現在、個別給付になり、自治体の関与が薄くなり、地域移行政策を再構築することが課題である。移行数は芳しくないが、グループホーム、ケアホーム数はある。希望者が入所できないのが課題と思う。

　当事者委員：住居や金銭もそうだが、相談できる人々や周囲が支え、市の政

策を進めるにあたり、相談支援や就労支援の場での人の支えの重要性を考えてほしい。

4）D市の場合
（1）2012（平成24）年度
①自殺対策
　当事者委員：自殺対策にはうつ病以外にも統合失調症も含めてほしい。
　議長：統合失調症の自殺対策も非常に重要である。
②医療保護入院
　当事者委員：医療保護入院制度は改善すべき点が多い。病状が安定しても家族が退院に同意しないと長期化しやすい。
　行政担当者：精神医療審査会が役割を担うが、本人からの退院請求があれば早急に対応したい。
　家族委員：家族のサポートは大変重要だが、こじれて症状が悪化することがある。精神疾患の知識があれば強制入院も減る。中長期的に行政や家族会や病院などの連携が必要である。
③相談支援
　家族委員：一般相談支援事業所の機能の図は当事者中心に据え、家族会を入れた連携図としてほしい。

（2）2013（平成25）年度
①医療保護入院
　当事者委員：医療保護入院について1年以内に退院しない人が20％居ると病院に沈殿する。
　行政担当者：医療保護入院日数は約200日である。
　専門職委員：1年以上入院者に力を入れた対応が必要である。
②障害者雇用率
　家族委員：精神障害者も雇用率に算定されるので準備してよいと思う。
　当事者委員：社会的入院の中でも40歳～65歳の就労は若干無理がある。
　行政担当者：こころの健康センターで統合失調症者中心に就労支援のデイケア事業をはじめた。働き続けるには生活支援的な部分が必要。一般企業の取り

組みも含め支援していきたい。
　家族委員：就労については中小企業に直接はたらきかける必要がある。
(3) 2014（平成26）年度
①地域移行
　議長：高齢の長期入院患者の退院数が目標値を超えた。
　家族委員：高齢者の退院は受け皿の問題がある。病棟転換の話が出ている。介護事業所が受け入れる能力があるのかが課題である。社会の中で暮らすのが回復にはよいが、生活習慣病が出てくる。
②ピアサポート
　議長：ピアサポーター制度がモデル事業として1病院で始まった。
③病棟転換
　議長：病棟転換については様々な意見がある。
　専門職委員：長期入院者が病院から離れる不安を考えるとワンステップとして選択肢にはなるが、D市でやろうと言う人を聞いたことがない。
　家族委員：家族会は絶対反対である。根本的な理念として障害者権利条約を結んだ以上は個人が住居の選択をする権利を阻むことは絶対に許されない。

5）E市の場合
(1) 2013（平成25）年度第1回
①精神科初期救急
　行政担当者：夜間・休日対応が不足。医療圏域を2分割し対応していく。緊急対応カード（こころの安心カード）の必要性を説明していく。
　家族委員：家族の立場から要望したいのが、日頃から緊急時の対応方法などを主治医と話し合うことが大切と思うが、主治医が忙しそうで伝えられない。緊急対応カードの導入は有効と思う。
(2) 2013（平成25）年度第2回
①精神科初期救急
　行政担当者：こころの安心カードを導入した。全国初の取り組みである。
　専門職委員：全員ではなく、救急度の高い人から利用してもらい、役立つかを検証していきたい。

行政担当者：主治医と相談しながら作成する費用は原則無料である。

家族委員：本人が病名を知らずに通院している場合があり、カードに書かれているとショックを受けるのではないか。

専門職委員：検討会でもその点を議論した。NIの欄を作り、患者への配慮をした。

行政担当者：未告知も前提に作っている。

(3) 2014（平成26）年度第1回

①理解促進調査

議長：新まちづくり計画の障害のある人に対する理解促進調査とは何か。

行政担当者：一般市民数千人に実施し、その中に障害のある人が含まれる。

議長：障害のない人の目標値が非常に低いが、理解促進をどう進めるのか。

行政担当者：出前講座による制度の周知、小学校でのバリアフリーに関する普及啓発事業をやっている。

当事者委員：市営住宅入居の障害者が出て行けと張り紙をされたと聞く。

行政担当者：障害のある人の住まいの確保は重要で、地域住民の理解、不動産屋、大家の理解を特に進める必要がある。

②こころの安心カード

行政担当者：運用が開始された。活用後の評価を報告していく。

専門職委員：本人が持ちたくない人以外は持ってもらっている。

当事者委員：自分から主治医に作ってほしいと言えない。また、必要性がわからない人がいるので、啓発してほしい。

専門職委員：警察関係者にも普及啓発してほしい。躁で暴れて逮捕され、病気といえずに調書を取られた例がある。

行政担当者：関係機関への再周知を検討したい。

(4) 2014（平成26）年度第2回

主に、自殺対策の議論がなされたが、当事者委員・家族委員の発言はなかった。

(5) 2015（平成27）年度

主に、災害対策の議論がなされたが、当事者委員・家族委員の発言はなかった。

第4節　議事録分析から見えてくるもの

1）当事者委員の役割
（1）当事者の視点を加味する役割
　5市すべてで審議されたのが自殺関連の問題である。その中で注目したいのはC市である。C市では、専門職委員らが病床数の不足や精神科救急体制の問題、あるいは自殺の原因究明や自殺者減の数値目標などを議論していたのに対し、当事者委員が根本は苦しんでいる人の救済から出発することを提案し、相談できる場を構築することを述べた。議長は当事者委員の意見を評価し、目標と手段が逆転することがあってはならないと発言した。

　審議会の議論は時にシステム作りや数値目標の達成に目が行き、精神に障害のある人々の生き続けることの困難を置き去りにする可能性がある。また、精神科医療体制を整えることを優先し、地域での支援に目が行かない場合がある。そこにブレーキをかけたのが当事者委員であり、政策が誰のためのものかを気づかせる発言となった。第2章の質問紙調査で「当事者の視点からの意見表明」が当事者委員の役割として示されたが、実際の審議場面では、上記のようなやりとりの中で精神に障害のある人々の視点が活かされていたと考えられる。この他、A市では自殺対策には当事者がピアサポーターとして関わることを提案し、専門職委員も賛同している。D市では自殺対策はうつ病だけでなく、統合失調症も含めるよう要望し、議長がその点は非常に重要であると意見を添えた。このように当事者委員の発言は、政策の受け手への配慮を改めて気づかせる意義が考えられる。

2）議案の細部を点検する役割
　A市で展開された退院阻害要因の項目にあがった「本人の退院意欲の乏しさ」に関する当事者委員の説明は、入院者が退院する気持ちがないから、地域移行が進まないのではなく、かつて本人たちが退院を願った時には退院の機会が得られず、退院の意欲も人権も奪われたまま長い年月が過ぎ、いまさらになって地域移行と言われてもすぐに退院のイメージが持てない現実を当事者委員

が指摘したものである。当事者委員の発言がなければ、長期入院者の退院が進まない要因の一つが入院者の問題とみなされる可能性があった。

続く2014年の審議会では精神保健福祉法改正により精神医療審査会の規定が変更になり、審査委員が話を聞く対象から家族を外していないか、長期入院者の地域移行支援計画は立てられているかなど、予想される精神に障害のある人々の不利益に対し、一貫して当事者委員が点検役をしており、そのことが審議会全体のレベルの底上げになったと考えられる。

A市の当事者委員の指摘は鋭く、行政担当者が気を抜けない状況が推測される。特に、単なる発言のレベルを超え、アドボカシー（政策提言）としての貴重な意見が示されている。行政担当者は、今後、退院支援や精神医療審査会を進める時に、改善すべき点が明確になっていった。

当事者委員が点検役を行うのはA市に限ったことではなく、B市の災害対策においても当事者委員の力が発揮されていた。たとえば、災害被災地であるB市は災害時の薬の備蓄の必要性、災害特例として自立支援医療以外の医療機関・薬局も同一条件で利用可能であることの周知、精神に障害のある人々の避難場所の把握、避難所で過ごすことが困難な人々への食料や薬の手配、相談が受けられる環境整備等、当事者だからこそ気づける現実的な問題が指摘されていた。

以上のことから、当事者委員は当事者の立場から審議事項を分析し、アドボカシー（政策提言）していたことがわかり、当事者委員が他の専門職委員と同様に、時には専門職以上に十分に役割を果たすことを示すものであった。当事者委員はサービス利用者側の代表として、ただ存在しているのではなく、内実をともなった参画をしており、行政担当者にとっては歓迎すべき存在となり得る可能性がある。

3）要望の実現に向けて

しかし、行政担当者は当事者委員の意見を常に歓迎しているわけではない。たとえば、5市のいずれもピアサポート対策について検討しており、特に、A市においては2012年から毎年当事者委員がピアサポート養成講座修了者の活用を主張してきた。自殺対策にピアサポーターが関われる可能性、教育現場で

の語り部活動や、企業のリワーク研修、自治会の研修等への関与、ひきこもり対策で役割を果たすなどを提案してきた。これら当事者委員の発言に対し、専門職委員も議長もピアサポーターの活躍の重要性を後押ししていた。ところが、行政担当者は2012年当初こそピアサポート体制を構築することに前向きな発言をしていたが、2014年にはピアサポート養成講座は見直し中、ピアサポーターの活用についても検討中と述べ、2015年にはＡ市のピアサポート養成講座を修了した、その理由はピアサポーターの視点を広げた活動の場を検討するためとのことだった。

　毎年、当事者委員がピアサポーターによる支援拡大の可能性を具体的に提示してきたにも拘わらず、行政担当者は明確な理由を示すことなく、ピアサポーターの活動を縮小した。もちろん予算等の制約は考えられるが、地方の政策だからこそ、審議会委員一人ひとりの提言に耳を傾けられる可能性はあったはずである。Ａ市のピアサポーターの件であれば、行政担当者がピアサポーターによる支援の効果を検証し、説明責任を果たし、その上で当事者委員の要望とのすりあわせを行うべきだったと考えられる。

　一方、当事者委員が要望を出す場合、行政担当者の納得をできるだけ引き出すことが得策と考えられる。たとえば、ニューヨーク市健康・精神衛生部の職員であり、精神疾患の経験を持つイクタ（2014）は、当事者委員が意見を述べる場合に、できるだけ統計的な根拠を示すと言う。審議会という議論の場は、参加者の合意が重要であり、そのためには数値的なデータに意味を持たせる必要がある。わが国でも、精神に障害のある人自身が行った大がかりな実態調査があり（NPO法人全国精神障害者ネットワーク協議会2015）、その調査者であるＤ市の当事者委員は、審議会における発言で調査結果を含めるようにしている。今後は、当事者委員の発言がより説得力を持つものに変化することが期待できる。

4）当事者委員参画の意義

　5市の議事録から当事者委員参画の意義として以下の3点が考えられる。

　1点目として、当事者委員の参画により審議に多様さがもたらされることである。当事者委員は意見や疑問点を明確に表明しており、精神に障害のある

人々の視点からの指摘が多様な審議を可能にしたと考えられる。

　2点目として、当事者委員による審議の活性化である。E市を除き、各市の当事者委員は、発言数の多さが目を引く。当事者委員は審議会中に1度以上発言することがほとんどである。D市に至っては当事者委員と家族委員の発言数が全専門職委員の発言数を上回ったことさえあった。概して、A市、B市の発言数が多かったが、これは3名の当事者委員が参画していることと、当事者委員が15年以上に渡り参画してきた足跡があり、同じ当事者委員が通しで参画しているのではないとしても、会議参画の熟練度が影響していることが推測できる。また、当事者委員が活発に発言する背景には使命感や「おかしいことをおかしいという役目」があると考えられる（松本2015）。その結果として審議全体が活気づき、笠原（2011）が当事者参画の意味として指摘した「会議の活性化」が実現したと考えられる。

　3点目は、当事者委員だからこそ気が付くことができる行政の政策の課題の指摘である。自殺対策・地域移行・精神医療審査会、ピアサポート事業、災害対策、医療保護入院等は改善が必要な点が多々あるが、とかく行政担当者は事業を計画し、実施することに主眼を置き、利用者側の困難や希望を把握していない可能性がある。精神に障害のある人々の直接の声を聴くことで、事業の計画、実施、継続がこれまでとは異なるものに生まれ変わることが期待できる。その結果、行政担当者にとっても納得できる政策が実現できると考えられる。審議会に参画する当事者委員はサービス利用者の目線でチェックを行っており、彼らの声は重要な意味を持つ。

　地方精神保健福祉審議会は地方の精神保健福祉に関する事項を調査審議するための重要な場であり、究極は精神に障害のある人々の暮らしやすい社会の実現へとつながっている。したがって、行政担当者にとっては多様な意見が出、議論が活発に行われることは望ましいことであり、今後、ますます当事者委員の活躍が期待できる。

　これまで、質問紙調査の結果から見出された当事者委員の役割が、今回の議事録分析で裏付けられる結果となった。また、当事者委員は専門職委員と同様、制度・政策に関わるアドボカシー（政策提言）を行い、専門職委員と対等に意見表明を行っていた。これらのことから当事者委員参画の意義は大きいと

考えられる。

まとめ

　第3章では各地の地方精神保健福祉審議会の議事録から当事者委員の役割と評価を明らかにし、当事者委員の参画が審議会に肯定的な影響をもたらす可能性について検討した。当事者委員の発言数は専門職委員に比して多く、また、内容の面では、精神に障害のある人々の視点を加味した発言をし、審議事項を分析し、精神に障害のある人々が受ける可能性のある不利益に対し、一貫して点検役をしていた。当事者委員の参画によって多様な審議が可能になり、また、活発に発言する当事者委員の存在が審議会にとって不可欠であることが考えられた。

第4章
地方精神保健福祉審議会に参画する当事者委員の声

　第3章の審議会の議事録分析によれば、当事者委員は活発に発言し、審議に多様性と当事者委員だからこそ気が付くことのできる行政の政策の課題を多数指摘しており、精神に障害のある人々のアドボカシー（政策提言）が不可欠であることが確認できた。
　第4章では全国の地方精神保健福祉審議会に参画する当事者委員への聞き取り調査をもとに、当事者委員の活躍の実際と意義を明らかにする。また、当事者委員が行政機関の制度・政策の立案・運営により直接的に関与するアドボカシー（政策提言）を実現する上で影響が予想される行政担当者との関係、当事者活動との関係について明らかにする。

第1節　研究方法

1）対象

　第2章の質問紙調査の結果、当事者委員の参画がある13都道府県・11政令指定都市を把握し、当事者委員への聞き取り調査を2012年11月から2018年12月に行った。調査地は北海道から九州・沖縄に渡ることからデータ収集は数年に渡った。調査対象地全24ヵ所のうち、複数の当事者委員が参画する政令指定都市が4ヵ所あり、当事者委員数は31名である（元当事者委員1名を含む）。これらの中から調査対象地として5都道府県、9政令指定都市、合わせて14ヵ

表4－1：調査対象者の基本属性

対象者	調査年・月	Pr・Ci(注1)	性別	所属(注2)	委員暦(注3)	他会議への参画
A	2012・11	Ci	男	当事者団体代表	5年未満	障害者施策推進協議会
B	2013・9	Ci	男	当事者団体代表	5年未満	なし
C	2013・9	Ci	女	当事者団体代表・人権団体事務局長	15年以上	精神科医療機関療養環境検討協議会・精神科救急医療部会・障害者施策推進協議会・自立支援協議会
D	2013・9	Ci	男	当事者団体理事	5～10年未満	なし
E	2013・9	Ci	男	当事者団体代表	5年未満	なし
F	2013・9	Ci	男	当事者団体代表・障害者電話相談員	5年未満	自立支援協議会障害当事者部会
G	2013・12	Ci	男	指定障害福祉サービス事業所代表・当事者団体代表	5年未満	障害者支援計画策定委員会都市基盤・自立生活支援部会
H	2013・12	Ci	女	当事者団体スタッフ	5年未満	なし
I	2014・10	Ci	男	当事者団体代表	5～10年未満	精神保健福祉審議会作業部会
J	2014・10	Ci	女	指定障害福祉サービス事業所スタッフ	5年未満	障害者施策推進協議会
K	2014・12	Pr	男	指定障害福祉サービス事業所ピアカウンセラー	5年未満	自立支援協議会オブザーバー
L	2015・8	Ci	男	指定障害福祉サービス事業所スタッフ	1年目	なし
M	2015・12	Ci	男	当事者団体代表	5年未満	県障害者施策推進審議会（元委員）
N	2016・2	Ci	男	当事者団体副代表	5年未満	ケアマネ推進委員会
O	2016・11	Pr	女	当事者団体副代表	5~10年未満	なし
P	2017・2	Ci	女	当事者団体代表	5年未満	なし
Q	2018・6	Pr	女	指定障害福祉サービス事業所スタッフ・県ピアサポート専門員	5年未満	権利擁護部会・差別解消協議会・厚労省成年後見制度利用促進委員会
R	2018・10	Pr	男	指定障害福祉サービス事業所代表	5年未満	なし
S	2018・12	Ci	男	元当事者団体理事	10～15年未満	障害者施策審議会 自立支援協議会
T	2018・12	Pr	男	当事者団体スタッフ	5～10年未満	なし

注1：Prは都道府県精神保健福祉審議会委員、Ciは政令指定都市精神保健福祉審議会委員を指す。
注2・3：当事者委員の所属・委員歴は聞き取り調査実施時点のものである。

所を抽出し、調査対象者は20名（全31名中64.5%）で、基本属性を表4－1に示した。

調査実施に至らなかった11名（全31名中36.5%）は、体調に配慮し調査を見合わせた場合、行政担当者と当事者委員をセットで情報収集するため、行政担当者の都合がつかず、現地に出向く機会がなく、当事者委員に連絡を取らなかった場合である。

2）調査方法

聞き取り調査は対象者の所属先、または市役所等の喫茶室等、面談可能な場所で実施した。面接は半構造化面接とし、表4－2のインタビュー・ガイドを中心に尋ねた。DとE、F、Sは各々行政担当者同席で各1時間半程度（平均94分58秒）のグループインタビューを実施した。その他の当事者委員の面接時間は約1時間（平均64分55秒）であった。聞き取り調査の分析はICレコーダーに記録したものを文字化し、文書を調査対象者に送付し、内容の確認を得た。

表4－2：インタビュー・ガイド

1. 地方精神保健福祉審議会の委員になったきっかけをお教えください。
2. 地方精神保健福祉審議会以外の行政の会議の委員をなさっていますか。
3. 所属する当事者団体や事業所についてお教えください。
4. 地方精神保健福祉審議会で発言の機会はありますか。
5. これまでどのような発言をされましたか。差し支えない範囲でお教えください。
6. 当事者委員の役割や意味はどのような点にあると思いますか。
7. 委員としてのやりがいはどのような点ですか。
8. 地方精神保健福祉審議会に参画する他の委員との関わりはありますか。
9. 当事者委員数がさらに増えることを望みますか。
10. 行政担当者とは地方精神保健福祉審議会以外でもつながりはありますか。
11. 今後の地方精神保健福祉審議会に関し、ご意見をお聞かせください。

3）分析方法

20名の分析は、文字化したデータを佐藤（2008）の質的データ分析法にもとづき、「コード」「カテゴリー」を抽出し、聞き取り対象者のことばを「一部データ」にまとめた。佐藤（2008）の分析の特徴は対象者の語りの意味をできるだけ損なわないように解釈する点にある。その過程は、文字化データと理論を行き来する仮説演繹的作業と、帰納的作業を繰り返し、より適切な「コード」

と「カテゴリー」を見出すものである。「コード」は対象者の語りから文脈を理解し最も適する小見出しを付ける作業である。「カテゴリー」は「コード」をより抽象度の高い概念にまとめたものである。本データの分析においてはできるだけ丁寧に実際の語り、「一部データ」「コード」「カテゴリー」を点検し、もともとの語りの意味を損なわないよう行った。

第2節　当事者委員の全体的特徴

　当事者委員の参画率は都道府県よりも政令指定都市の方が高いことから、本調査地においても政令指定都市が多い結果となった。当事者委員の男女比は男性14名と女性6名である。当事者委員の所属は15名が当事者団体の代表等、6名が指定障害福祉サービス事業従事者である。合計が21名になるのは、当事者団体の代表、かつ、指定障害福祉サービス事業従事者が1名いたためである。審議会は行政機関の中でも格付けが高く、また、精神保健福祉に関する専門的な意見を求められることから、当事者団体代表等組織運営を担える人々、あるいは、ピアサポート専門員や指定障害福祉サービス事業従事者が委嘱されやすかったと考えられる。委員歴は7割にあたる14名が5年未満だった。当事者委員のうち、11名が行政機関の他の会議にも参画していた。会議の場でアドボカシー（政策提言）できるスキルがある当事者委員は他の会議においても参画を求められやすいこと、あるいは、他の会議での実績が評価され、審議会への参画が実現したことが推測される。

1）聞き取り調査結果

　20名の当事者委員の語りを「カテゴリー」「コード」「一部データ」に分類したものが表4-3である。8カテゴリー、44コード、121一部データを抽出した。文中ではカテゴリーを【　】、コードを〈　〉、一部データを《　》で表示し、聞き取り調査時の発言そのままを「　」で示した。

表4－3：当事者委員の発言の概要

カテゴリー	コード	一部データ(注1・2)
当事者委員参画の経緯	当事者団体の代表等	・当事者団体に関わっている、いた（ACFGIMNOPST） ・断酒会の会長・理事をしている、していた（BDE） ・薬物依存症施設のスタッフかつ女性のため（H）
	他会議に参画	・他会議の委員をしていた（ACFGIJKMNQS）
	現審議会委員（家族会、専門職）の推薦	・行政機関の他の会議委員からの推薦（J） ・家族会からの推薦（LK）
	ピアサポーター養成講座の担当	・ピアサポーター養成講座の講師（FOQ）
	指定障害福祉サービス事業に従事	・地域活動支援センター事業を委託されている（GKL） ・就労支援系事業所に勤務（QR） ・障害者職業センターに勤務（J）
	公募により選出	・審議会委員の公募があり、選出された（R）
当事者委員の発言内容	自殺対策の課題	・自殺の原因究明や自殺者減少の数値目標等が議論されるが、苦しんでいる人の救済と相談できる場の必要性を提案（A） ・自殺対策に当事者がピアサポーターとして関わる意義（F） ・うつ病だけでなく、統合失調症も含めた自殺対策を要望（K）
	地域移行における退院阻害要因の解釈	・20年以上に渡る医療保護入院者の約4割が「退院の意思なし」と説明されたが、患者は退院したいと言えない病院環境があると感じる。本人の気持ちを解きほぐす地域からの訪問などの関わりがいる（C）
	精神医療審査会の課題	・精神医療審査会で本人面談を経て、結果が出るまでの日数が長すぎる（C） ・精神保健福祉法改正により精神医療審査会の規定が変更になり、審査委員が事情を聞く対象から家族を除外しないでほしい（C） ・審査会に人権団体や当事者団体が入るシステムや、積極的な人権擁護策を進めてほしい（CM）
	災害関連時の要望	・災害時の薬の備蓄の必要性（J） ・自立支援医療で特定した医療機関・薬局を利用できない場合、災害特例として他の病院等の利用を可能にすること（J） ・精神に障害のある人々の避難場所の把握（J） ・避難所で過ごすことが困難な人々への食料や薬の手配（J） ・相談が受けられる環境整備（J）
	ピアサポーターの実践の場の拡大	・教育現場での語り部活動、企業のリワーク研修、自治会の研修等への関与（F） ・ひきこもり対策の充実（FK） ・ピアサポーターの雇用先の確保と質の担保についての要望（Q）
	酒害問題	・酒害相談ができる場が欲しい（B） ・学校教育で酒害問題を取り扱うことを提案（DE）
	住居問題	・障害のため住居の選択肢が狭まることの改善（S） ・市営住宅入居の機会の拡大を要望（N）

	差別関連	・公立病院の医療従事者による差別的な対応の改善（S） ・グループホーム移転時に移転先エリアの医師が住民を先導して反対運動をした件（T）
	その他	・就労実績を数値化する際に3年後の定着率を明らかにするべき（M） ・障害等級降格の窮状について説明（P） ・地元に医療観察法に対応する入院医療機関が必要（R） ・措置入院の減少と医療保護入院の増加に関する考察の必要性（T）
当事者委員の役割・効果	精神に障害のある人々の現況の理解と改善	・当事者の視点の提供（AEFJRS） ・当事者の体験を語る（BDF） ・当事者への理解の拡大（CDH） ・当事者の代弁者（FJLMQ） ・当事者の環境の改善（CNO）
	問題点の指摘	・サービスの評価（C） ・サービスの問題点の具体的な指摘（NT） ・地域の現況を指摘（Q） ・行政機関の努力してきた部分を互いに評価し、議論し、関係を築く（C）
	行政政策への影響	・意見が政策に反映される点（S）
	会議全体に与える緊張感	・サービス提供者側の馴れ合いを封じることができる（CK） ・利用者に伝わる発言を生み出せる（C）
	当事者委員自身にとっての効果	・社会経験（H） ・精神保健福祉に関する情報に敏感（K） ・履歴に追加（I） ・自分の勉強になる（S）
	効果を実感できない	・お飾り、貢献していない、アリバイ（GS） ・質問をしても明確な答えがない（T）
やりがい・活力の源	使命感	・当事者団体への理解の拡大（H） ・当事者の生きやすい社会作り（AR） ・遅れている精神保健福祉の領域の改善（AN） ・困難な状況にある人の救済（B） ・障害者スポーツの拡大（L）
	社会貢献	・社会へのつぐない（DE） ・行政機関への協力（DER）
	達成感	・障害者計画・政策に関われている達成感（FS） ・課題があること（J） ・承認欲求が満たされること（MQ）
	不撓不屈	・あきらめたら終わり、今できることを積み重ねる（CO）
	先人や仲間の影響	・仲間たちの一生懸命生きる姿（CK）
	ヘルパーセラピー原則	・委員をすることは自分を助けること（E）

第 4 章　地方精神保健福祉審議会に参画する当事者委員の声

	やりがいを得ていない	・向いていないがやむなく参画（G） ・負担が大きい（GI） ・そろそろ卒業（P） ・意見を言っても反応がない（K） ・参画はアリバイ作り（T）
当事者活動とのつながり	つながりを維持	・当事者団体は自分を育ててくれた場（AC） ・仲間とのつながりの場（ACRS） ・スポーツを通して参加者の成長を図る（L） ・障害のある人々の実態調査を精力的に実施（M） ・事業所の利用者としてつながっている（ST）
	組織の安定	・組織のあり方、交渉の仕方を学ぶ場（CDE） ・組織が安定的に機能（BH） ・行政機関が当事者団体育成を支援（BO）
	ピアサポーターの養成	・行政機関から事業委託を受け活動（FOQ）
	縮小傾向・不参加	・当事者団体同士の活動がまとまらず、縮小気味（GNPT） ・当事者団体の立ち上げ支援を行う中心となる団体がなくなった（I） ・メンバーが減少（N） ・個人的なつながりのみ（K）
行政機関・行政担当者とのつながり	良好な関係性	・古くからのつながりがある（BCDES） ・行政機関の研修会やイベントに協力（BDEOPS） ・会議場面以外でも意見を言える関係性（ADEMS） ・行政機関が協力的（AB） ・行政機関が対象者に当事者団体を紹介（BH） ・電話相談員、地域移行の自立支援員、ピアサポーター養成、イベントの後援等でつながりがある（FOR） ・困りごとが行政担当者の介入で解消できた（L） ・役所を訪ねて要望できる（DEM）
	関係が縮小	・事業運営にかかわる巡回指導時のつながり程度（G） ・頼まれる機会を避けたい（G） ・以前はつながりがあった（NT）
	関係がほぼない	・行政機関から協力を要請されることが少ない（JQ） ・担当者の異動でつながりが乏しい（JK） ・行政の人との接点がなく、会議がお堅い（IT）
当事者委員の増員	複数を希望	・専門職らと対等な立場の確保（JT） ・負担の軽減のため（CKQT） ・説明の補足がなされる（C） ・他の当事者委員の意見を聞きたい（LNRS）
	半数を希望	・多様な当事者の参画（ABCFIP） ・専門職らと対等な立場の確保（GK）
	理解者を希望	・当事者に限らず理解者の存在が必要（J）
	困難	・委員枠が決まっており、困難（MO）

今後の課題	形式的な審議の改善	・行政担当者の報告中心（J） ・意見が乏しく、不活発（P） ・型どおりに進められるセレモニー（DEF） ・決定権がない空論（M） ・当事者委員の意見を聞く姿勢のなさの改善（K） ・当事者視点が政策に反映されるべき（A）
	気軽に語れる雰囲気	・堅苦しい（BFHIQ） ・意見を言いにくい（GNR）
	大きな議題を語れる場へ	・審議会が必置から任意設置になったことによる後退（C） ・しくみの立ち上げや変更の議論ができるのは審議会（C）
	医療と地域の対等な関係	・医療系の比重が高いので、地域系の委員を増やすべき（J） ・就労の話題がでない（T）
	現状肯定	・参画する審議会は良い形で進んでいる（B） ・勉強になりだいじな審議会である（S）

注1：発言者を識別するため、当事者委員に付した記号をカッコ内に表記した。
注2：字数の関係で「一部データ」は発言を短縮し、記載した。

(1) 当事者委員参画の経緯

【当事者委員参画の経緯】は、〈当事者団体の代表等〉が15名、具体的には当事者団体の代表・副代表・理事を務める人たちである。当事者団体は全国規模の全国精神障害者団体連合会、断酒会や薬物依存症関係の団体、地域で長年活動している当事者団体、当事者委員自身が立ち上げた団体等で、団体の規模・継続年数は様々であった。〈他会議に参画〉しているか、していた人が11名いた。〈現審議会委員の推薦〉が3名、〈ピアサポーター養成講座の担当〉が3名で、養成講座は都道府県や政令指定都市の委託事業であり、行政担当者が審議会を担える人材を見出しやすかったことが推測される。〈指定障害福祉サービス事業従事者等〉が6名で、地域活動支援センター、就労移行支援事業所、多機能型事業所等の代表やスタッフを務める人たちである。〈公募による選出〉が1名みられた。コードの総数が20名を上回るのは複数の所属を持つ当事者委員がいることによる。

行政担当者は審議会委員の「公平性」の担保を意識しており（松本2016）、精神に障害のある人々を代表する位置づけの人への委嘱を考える傾向がある。その点で全県・全市レベルで活動する当事者団体が存在すればその役員を、または、指定障害福祉サービス事業に従事する人を、あるいは、ピアサポーター養成に関わる人の中から適任者を見出す可能性がある。また、他会議で委員を

している人であれば委員としての適切さが担保できる。さらに、推薦という方法は行政機関が公平な人選を行った根拠になる。一方、審議会委員を公募する都道府県・政令指定都市は全国で9件と少なく、今回の20名中1名のみであった。いずれにしても、何らかの形で行政担当者と直接、間接に接点がある精神に障害のある人々が参画につながったことがわかる。

(2) 当事者委員の発言内容

【当事者委員の発言内容】は多岐にわたり、〈自殺対策の課題〉〈地域移行における退院阻害要因の解釈〉〈精神医療審査会の課題〉〈災害関連時の要望〉〈ピアサポーターの実践の場の拡大〉〈酒害問題〉〈住居問題〉〈差別関連〉〈その他〉9つのコードが抽出された。いずれも、精神に障害のある人々にとっては切実なもので、様々な制度やサービスの運用上の課題や生活と密着した困難についての発言が多い。審議会のもともとの役割は多様な意見の反映であり（西川2007）、審議会への当事者委員の参画は専門職では気づけない視点をもたらす可能性がある。国の審議会では形骸化批判が根強くあり（細野2003）、審議会が縮小傾向にあるが（栃本2002）、地方においては住民参加の手段が整備され、審議会等における委員公募制など政策決定過程に対する住民参加が進んでいる面がある（伊藤2004）。今回の対象者の中では、特にC、F、Jがサービスの評価に関わる発言を活発に行っていた。

(3) 当事者委員の役割・効果

【当事者委員の役割・効果】のうち、〈精神に障害のある人々の現況の理解と改善〉については、《当事者の視点の提供》が示され、当事者は、行政担当者や専門職とは異なる、自分たちでなければ気づけないサービス利用者側の視点の提供を心がけていた。この点は、笠原（2011）が示した「障害者の視点の共有化」とも共通する。また、《当事者の体験を語る》では、当事者委員からは自分たちは専門職ではないが、自分の体験を語ることが専門職に匹敵する役割と認識し、実行しているという発言があった。さらに、《当事者の代弁者》とは、ことばに出せない精神に障害のある人々の思いをすくいとり、仲間の声を行政機関に伝えていた。

〈問題点の指摘〉では、行政機関が作った制度・政策を評価する姿勢がみられた。「行政機関の努力している部分を互いに評価し、努力できない場合はどうなんだろうときちんと議論し、そういうことができる関係を築くようにアプローチしてきました。」と発言した当事者委員がおり、行政機関と精神に障害のある人々が協働でしくみを築こうとしていることが窺えた。

〈行政政策への影響〉では、《意見が政策に反映される点》に精神に障害のある者としての役割を見出していた。

〈会議全体に与える緊張感〉については、《サービス提供者側のなれ合いを封じることができる》《利用者に伝わる発言を生み出せる》ことが示され、当事者委員の参画が審議のあり方に刺激を与え、会議全体の質に変化をもたらし得ることを示している。

また、今回の聞き取り調査では当事者委員が審議会に果たす役割だけでなく、〈当事者委員自身にとっての効果〉に関する発言が聞かれた。社会経験としての意味、精神保健福祉の情報への感度の上昇、審議会の委員をした履歴が就職でプラスの評価につながる可能性が示された。

しかし、中には〈効果を実感できない〉と表現した調査対象者G、Tらが《お飾り、貢献していない、アリバイ》とし、声の大きい専門職の人たちで審議が進み、質問しても回答が得られないことを語った。

以上、当事者委員は自分たちにしかできない役割や効果を自覚し、最大限に力を発揮し、行政担当者と当事者委員が互いを評価しあい、協働でしくみを構築することに努めていたが、その一方で、効果が得られない当事者委員がいた。

(4) やりがい・活力の源

【やりがい・活力の源】については、聞き取り調査を重ねる中で〈使命感〉に関わる発言を複数の当事者委員から聞いた。たとえば、薬物依存の当事者団体関係者は、当初、審議会への参画を躊躇したが、《当事者団体への理解の拡大》、中でも薬物依存症団体を知ってもらう種を蒔くことを使命とし、臨んでいた。また、〈社会貢献〉は、当事者委員の中には社会に迷惑をかけたと感じている人がおり、《社会へのつぐない》を使命としていた。〈達成感〉は自分の

居住する地域の障害者計画の策定に直接関与できることで《障害者計画・政策に関われている達成感》や、解決すべき《課題があること》や、当事者委員のおかげだと周囲から評価されることで《承認欲求が満たされること》等からやりがいを得ていた。さらに、〈不撓不屈〉の精神を発揮し、《あきらめたら終わり、今できることを積み重ねる》ことを心がけ、前進を続ける当事者委員もいた。〈先人や仲間の影響〉とは当事者団体を立ち上げてきた諸先輩、または、現在、前向きに努力する人々から刺激を受け《仲間たちの一生懸命生きる姿》からやりがいを得ていた。〈ヘルパーセラピー原則〉とはRiessman (1965) らが当事者団体の特徴として述べた用語で、他のメンバーを援助することが自分自身にとっても効果を生むことを意味し、《委員をすることは自分を助けること》という発言があった。

　しかし、調査対象者G、I、K、P、Tらから負担を示す意見も複数あった。〈やりがいを得ていない〉は断ることを苦手としている人が本意ではなく委員を務め、《向いていないがやむなく参画》と表現した。また、《負担が大きい》は就職活動を開始した当事者委員がおり、委員を継続することを負担と感じていた。《意見を言っても反応がない》とは行政担当者にかじりついて意見を言っても回答が得られず、徒労感を持つ人がいたことが明らかになった。

(5) 当事者活動とのつながり

　【当事者活動とのつながり】については、当事者委員の所属する当事者団体、または職場や活動の拠点となる場での仲間同士のつながりを当事者活動としてまとめた。

　〈つながりを維持〉が得られている発言が複数の当事者委員から聞かれた。たとえば、《当事者団体は自分を育ててくれた場》の実際の発言としては「あなたの意見はこういうところが魅力なんだ、わからないことがあったら、どこどこに行ったらもっと教えてもらえるから」と助言され、育てられたことや、《仲間とのつながりの場》については「行政機関に行く手前に仲間同士のつながりがあり、同じような嫌な体験を共有でき、そこから抜け出そうともがいた時の楽しみ、悲しみを知っている関係、絆、疲れた時にもう一回立ち上がろうと思える横のつながりがありました」と語られた。また、《障害のある人々の

実態調査を精力的に実施》とは、ある当事者委員が行政機関の会議で発言した時に発言の根拠があいまいなことを指摘され、発奮し、仲間と共に精神に障害のある人たちの治療、日中活動、住居、服薬、リカバリー等を中心に調査し、それらをもとに会議で発言するよう努めたことを意味する。このように、仲間同士のつながりは、当事者委員を継続する上で多大なエネルギーになっていることが窺えた。

〈組織の安定〉の中の《組織のあり方、交渉の仕方を学ぶ場》の詳細は「労働組合の運営に携わった経験者がいて、組織運営や要求の出し方、出す先の見極めをわかっていたことが当事者団体の運営上大きかったです。」と説明された。また、ある県では行政担当者が当事者団体の設立を呼びかけ、活動支援を実現していた。保健所法が地域保健法に改正された1994年、また、精神保健福祉法の1999年改正以降、これまで全国各地で見られた保健所や精神保健福祉センターによる当事者組織の育成が大きく変化し、行政機関の関わりが乏しくなった（赤澤ら2014）。そうした中、2000年以降に当事者団体支援を開始した地域があり、かつてのように再び行政機関と共に当事者活動を推進する可能性を示唆するもので、注目に値する。

〈ピアサポーターの養成〉については、《行政機関から事業委託を受け活動》が成されているもので、地域移行を実現するためにピアサポーターを養成する講座が開設され、以後、修了者が定期的に集まり、活動が継続されている場合があった。ピアサポーター養成が仲間同士のつながりを形成する機会となり、行政機関が関与する新しい形の当事者支援と言える。

しかし、調査対象者G、I、K、N、Pら〈縮小傾向・不参加〉を示す当事者委員もみられた。《当事者団体同士の活動がまとまらず、縮小気味》《当事者団体の立ち上げ支援を行う中心となる団体がなくなった》《メンバーが減少》など、かつての勢いを失っている当事者団体があった。理由はメンバーの高齢化や考え方の変化による会員の減少、個々の団体をつなぐネットワークの機能不全、当事者団体の立ち上げを援護する大規模当事者団体のパワーの衰退などである。当事者委員が所属する団体が脆弱化すると、当事者委員の代表性が保ちにくくなり、委員自身が自分の意見に自信や裏付けが持てず、本来の力を発揮しきれないことが推測された。

(6) 行政機関・行政担当者とのつながり

【行政機関・行政担当者とのつながり】については、当事者委員が審議会参画以前や審議会以外の場で行政担当者とのつながりについて語った部分を分析したものである。

〈良好な関係性〉とは、たとえば、保健所時代からのつながりがあり、当事者団体・行政機関・医療が三位一体方式を取り、連携を保ちながら進んできた地域があった。また、《会議場面以外でも意見を言える関係性》や《困りごとを行政担当者の介入で解消できた》など当事者委員と行政担当者に顔の見える関係があると、ためらわずに役所に出向いて要望や問題解決がなされていた。

しかし、調査対象者G、I、J、K、N、Q、Tのように〈関係が縮小〉や、〈関係がほぼない〉場合もあった。協力を依頼されれば応じたいが要請されることが少ないと語った当事者委員がいた。その一方で、行政機関から頼まれると本心では断りたいが、断りにくいので、頼まれる機会を避けたい人もいた。つながりたいのにつながれない、あるいは、つながれないわけではないが負担が増えることへの懸念から、つながらないなど当事者委員それぞれの思いが示されていた。

(7) 当事者委員の増員

【当事者委員の増員】については、聞き取り調査対象当事者委員の7割以上が複数、または半数以上の当事者委員の参画を要望した。

《負担の軽減のため》や《専門職らと対等な立場の確保》が示され、一人ではうまく伝えられない場合にもう一人いると参画者にわかりやすいことばにしてもらえることや、当事者委員自身も他の精神に障害のある人々がどのように考えているか意見を聞く機会がほしいと考えていた。一方、都道府県・政令指定都市により全委員数、委員を依頼する大枠が決まっており、〈困難〉との発言があった。

複数参画の必要性を直接主張できるのは参画上不利な立場にある当事者自身が適切と考えられる。小澤（2012）は「これまで会議に参加する関係者の力関係が情報量・政治力の面で対等ではなく、当事者の立場が非常に弱い。」ことを指摘している。しかし、当事者委員の複数参画については行政機関との意識

の違いがあり、今後、息長く改善の要望をあげる必要がある。

(8) 今後の課題

　【今後の課題】として5点があがった。〈形式的な審議の改善〉については、概して多くの都道府県・政令指定都市が行政担当者からの報告で審議時間の半分程度を使う傾向があり、また、会議が《型どおりに進められるセレモニー》《決定権がない空論》《当事者視点が政策に反映されるべき》等が指摘された。さらには《当事者委員の意見を聞く姿勢のなさの改善》《意見が乏しく、不活発》があがり、行政機関は当事者委員が参画している既成事実がほしいのであり、結論ありきの姿勢で、当事者委員の提案に回答を示さないとの厳しい指摘があった。

　〈気軽に語れる雰囲気〉を半数以上の委員があげた。《堅苦しい》《意見を言いにくい》傾向がみられる。三田（2012）、小澤（2012）も行政機関の会議において、当事者委員と専門職委員、行政担当者が互いの希望や意図を率直に表現できる風通しの良さが求められることを指摘している。

　〈大きな議題を語れる場へ〉については、《審議会が必置から任意設置になったことによる後退》の指摘があった。ある当事者委員が「他の委員会が開催されているのだからいいでしょみたいに行政機関が言いますが、果たしてそれでよいのか、よくないと思っています。各種委員会はどうしても枠があって、その枠の中でしか議論できませんから、審議会っていうのはそういう枠にとらわれない、もっと大きな議論ができます。」と審議会の価値を熟知した発言をしていた。

　〈医療と地域の対等な関係〉については、《医療系の比重が高いので、地域系の委員を増やすべき》との意見があり、病院から地域へと移行するためにも、地域の社会資源と関わる関係者が参画することを願う発言があった。

　〈現状肯定〉については《参画する審議会は良い形で進んでいる》と表現した当事者委員がおり、自分の意見を理解し応援してくれる、行政担当者が協力的であることを評価していた。中嶌（2014）は「民意を十分に反映した民主主義の原理が地方自治の根本理念であるならば、潜在的ニーズを掘り起こしたり、弱い立場にある人々のニーズを吸い上げ、政策形成へと汲み入れるための

積極的な支援や助言、アプローチ法こそが求められる。」と述べている。審議会は多様な民意を反映する場であり、特に、地域に密着した課題を扱えるからこそ審議会委員一人ひとりの声を政策に結びつける必要がある。

第3節　当事者活動、行政担当者とのつながりの影響

　これまでの分析の結果、当事者委員の当事者活動、行政担当者、それぞれとのつながりが委員としての活動に影響していることが読み取れた。図4－1は当事者活動と行政担当者とのつながりの有無を4類型で示し、20名の聞き取り調査対象者をプロットしたものである。当事者活動とは所属する当事者団体の活動や勤務する指定障害福祉サービス事業所等での仲間同士のつながりを指す。また、行政担当者とのつながりとは審議会の行政担当者や、その他の部署の行政担当者と情報交換ができるつながりや、行政機関が当事者団体にイベントや事業の協力を求めることや、当事者団体等が行政機関の支援を得るなど、互いの関係性が保たれていることを指す。当事者活動との関わり、行政担当者

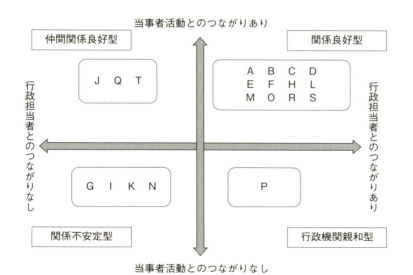

図4－1：当事者活動と行政担当者とのつながりの4類型

とのつながり共にある方に分類される人が、A、B、C、D、E、F、H、L、M、O、R、Sの12名、当事者活動とのつながりはあるが、行政担当者とのつながりが少ないJ、Q、T、当事者活動・行政担当者とのつながり共に少ないG、I、K、N、当事者活動とのつながりは少なく、行政担当者とのつながりがあるPである。

1）関係良好型

　12名はいずれも、当事者団体や指定障害福祉サービス事業所の活動を担う人々で、審議会で問題点の指摘や精神に障害のある人々の現況を伝えるための意見を活発に述べ、使命感・社会貢献の意識が高く、仲間のために声を上げ続ける人たちである。その力の源がこれまで自分を育ててくれた先輩、苦労を分かち合ってきた仲間たちとのつながりであり、仲間たちと作り上げてきた当事者団体やピアサポーターの関わりを維持している。また、行政機関とのパイプが出来上がっており、古くからの関係が継続している場合や、複数の機会に互いに助け助けられる協力関係がある。たとえば、「当事者団体で就労支援プロジェクトを作るなら行政機関も応援するから。」と精神に障害のある人々の力を引き出そうと行政担当者が声をかけている例があった。中には行政機関が当事者団体の立ち上げを支援した場合もあった。

　「審議会とか、行政機関に行く手前に仲間同士のつながりです。疲れた時にもう一回たちあがろうって思える場面ですかね。そういうネットワークっていうか横のつながりっていうのが私にはあったんで、今ここまで来ているんだと思ってます。そこを抜きに、いきなり審議会っていうのは無理でしょうね。その意欲も沸いてこないでしょうし、エネルギーも続かないと思います。」とある当事者委員が発言したが、本結果はそれを踏襲するものとなった。加えて、行政担当者とのつながりも重要であり、「審議会の独特の雰囲気の中で発言するのは相当大変で、見守っていただけるとすごくありがたいです。発言ができて当たり前ではないです。好意的な雰囲気があるとぜんぜん違います。」と語った当事者委員がおり、仲間とのつながり、また、行政担当者とのつながりもあることで安心して発言でき、自分たちが必要とされていることを実感でき、それらの結果として当事者委員の力が発揮しやすくなると考えられる。

2）仲間関係良好型

　ここに該当するJ、Q、Tは精神に障害のある人々の視点から地域の現況を伝える活発な発言を審議会において行っている。課題解決に向け発言したことが尊重されることで達成感を得、当事者委員として役割を果たすことを前向きに捉えている。それぞれ就労支援事業所、ないしは、当事者団体のスタッフをしており、仲間の声を聴く機会があるため、精神に障害のある人々の代弁者としての役割も担うことができる。しかし、行政担当者から協力を要請されることが少なく、もし、行政機関からの歩み寄りが今以上あれば協力したい思いを持っており、より活躍できる可能性が予想される。

3）関係不安定型

　G、I、K、Nは当事者活動や行政担当者とのつながりが少ない方に分類された人たちである。4名の中の一人は、行政機関にとっては当事者委員の参画は名目であり、結論ありきの会議に感じられることや、当事者団体に所属していないのは行政機関に対し声をあげる仲間らと出会えないもどかしさからであると述べていた。また、審議会の場で当事者の視点からの発言を心がけながらも受け止められていないことが表現されていた。その他の当事者委員は参画にやや後ろ向きで、負担を感じていた。行政機関とのつながりは事業所に関わる書類のやり取り程度、過去にはつきあいがあったが薄れている状態、当事者活動については活動が縮小気味、他の当事者団体と連携が取れず、審議会では自分に関わりのあることのみ発言する傾向があった。行政担当者から最初に参画の打診があった時点で断ることはできるが、断ってはいけないと感じやすい人たちにとっては断るという選択肢は存在せず、本意ではない中で努力してきた様子がみられた。これら4名は当事者活動や行政担当者とのつながりが少ない中でやれることをやり、負担を感じる様子が見受けられた。

4）行政機関親和型

　Pは当事者団体の代表を長く務め、審議会委員としての経験も多く、行政担当者とはイベント等で協力する関係にある。しかし、団体の代表を退いたこと、年齢が高くなり、自分の考えは古くなったと語っている。当事者団体の中

枢から外れていることや地域の当事者団体が複数に増え、精神に障害のある人々の意見を代表していることが確認できず、役割を果たしている実感を持ちにくい。行政機関からの依頼が続くため、当事者委員を継続しているが、行政担当者らが委員を刷新しないまま時間が経過したことが推測された。

まとめ

　本章では当事者委員が行政機関の制度・政策の立案・運営に関与する可能性について検討するため当事者委員への聞き取り調査を実施した。これまでまとめた8カテゴリーからは、当事者団体や所属事業所を代表する意見表明に慣れた人々が委員をしており、精神に障害のある人々の現況や困難について言及し、行政担当者や専門職が気づかない視点を提供していた。また、使命を果たそうとし、会議への真剣な参画の姿勢が審議会全体に良い意味での緊張感をもたらしていた。しかし、形ばかりの会議に対し改善を願い、また、より発言しやすい会議を要望する声が多数あった。さらに、当事者委員が当事者団体や所属する事業所等における仲間同士のつながりや、行政担当者とのつながりの有無により当事者委員としての参画の姿勢や発言の内容に違いが生じる傾向がみられた。

　これらを4分類した結果からは、当事者同士・行政担当者とのつながりが保たれると、仲間のため、また、行政機関の制度・政策をより良いものにするため当事者委員が使命感を持ち、具体的な発言をし、行政担当者も当事者委員の発言に期待を寄せる「関係良好型」、仲間関係が良好でも行政担当者とのつながりが乏しく実力を発揮しきれない「仲間関係良好型」、当事者同士・行政担当者共につながりが乏しく、審議会への参画自体が負担になる「関係不安定型」、仲間とのつながりが薄れ、意見の代表性を保ちにくいが行政担当者からはあてにされる「行政機関親和型」の特徴が見出された。

　以上、本結果からは当事者委員が仲間とのつながりを保ち、仲間の代表として審議会の役割を果たし、また、行政担当者からの好意的な対応があり、良好な関係性が保たれる場合、当事者委員がアドボカシー（政策提言）する力を発揮しやすいと考えられる。従って、当事者団体や就労の場での当事者同士のつ

ながりが維持され、また、行政機関の会議運営場面で当事者委員が語りやすい支持的な状況、当事者委員の意見を尊重することでサービス利用者側の声を活かした政策立案・運営が実現できる可能性、また、日ごろから行政担当者と当事者委員に良好なつながり保たれることの重要性が示唆されたと言える。こうした環境構築は行政担当者と当事者委員それぞれのアプローチが第1歩となるが、加えて、行政担当者・専門職らが意識を高め、当事者委員のアドボカシー（政策提言）を引き出すはたらきかけが求められる。

第5章

地方精神保健福祉審議会への精神障害当事者委員の参画に関する検討
――当事者委員の参画がある群とない群の比較から――

　第4章では、審議会に参画する当事者委員がアドボカシー（政策提言）を実現できていることが示された。その反面、行政担当者との関わりを持てず当事者活動・行政担当者とつながる中で孤軍奮闘し、あるいは、行政担当者とも当事者団体とも関係が希薄で負担を感じる当事者委員がいたことを示した。第5章では行政担当者の視点から当事者委員の参画について明らかにする。特に、審議会への当事者委員の参画がある都道府県等とない都道府県等の特徴を比較し、行政担当者からの当事者委員への評価、当事者活動とのつながり、当事者委員の意見を聴く機会、アドボカシー（政策提言）の実際を示す。また、当事者委員の参画がない都道府県等については参画がない理由を示し、参画実現に向けたプロセスを検討する。

第1節　研究方法

1）対象

　第2章で示した2017年度に関する質問紙調査の結果から、「審議会に当事者委員の参画がある都道府県等（Ⅰ群）」から23件（都道府県1～12と政令指定都市13～23）、「当事者委員の参画がない都道府県等（Ⅱ群）」から24件（都道府県A～Sと政令指定都市T～X）、合計47都道府県等（70.1％）を抽出し、各行政担当者に聞き取り調査を実施した。調査は地域差や都道府県と政令指定都市の

表 5 − 1 ：調査時期

地方	調査時期（都道府県）	調査時期（政令指定都市）
北海道・東北	2014年7月、2017年7月	2014年8・10月
関東	2017年12月、2018年2・6月	2012年11月、2013年9月、2016年12月、2018年2・6月
中部	2016年10月、2017年2・7・9月	2015年8月、2017年2・9月
近畿	2017年5・6月	2013年9月
中国	2017年6月	2017年6月
四国	2015年12月、2017年6月	―
九州・沖縄	2017年11月	2013年12月、2015年12月、2017年11月

差が生じないよう北海道、東北、関東、中部、近畿、中国、四国、九州、沖縄の地方区分から複数ヵ所を訪問し、また都道府県は31ヵ所（66.0％）、政令指定都市は16ヵ所（80％）に出向き、地域差、都道府県と政令指定都市による偏りが大きく生じないよう配慮した。

調査実施に至らなかった16都道府県・4政令指定都市の中には審議会の開催がないことや当事者委員の参画がないため、調査の了解が得られなかった場合や、日程があわない等行政担当者の事情で調査協力が得られなかった場合が13件、調査者側のスケジュールの都合で依頼できなかった場合が7件である。

調査時期を表5−1に示した。調査年限が2012年11月から2018年6月と長期に渡ったことについては第4章でふれたが、調査者1名が全国各地に直接出向くためデータ収集に時間を要したことによる。

2) 調査方法

調査は行政担当者の所属先で面談した。行政担当者の事情により電話インタビューが2件、文書での回答が5件、行政担当者と当事者委員のグループインタビューが2件含まれる。聞き取り調査は事前に送付したインタビュー・ガイドをもとに半構造化面接を実施した。調査時間は約50分（平均49分34秒）である（行政担当者と当事者委員共に同席し、グループインタビューを行った都道府県等の面接時間は各1時間半程度（平均94分58秒）であった）。

聞き取り調査は対象者の所属課内の面談可能な場所、または県庁や市役所等の喫茶室等で実施した。面接は表5−2−1、表5−2−2のインタビュー・

表5-2-1：インタビュー・ガイド（当事者委員の参画がある場合）

1. 地方精神保健福祉審議会の位置づけはどのようになっていますか。
2. 審議会は任意設置であり、他の障害者関係の会議で兼ねるところもありますが、将来的に○○県（市）もそのように考える可能性はありますか。
3. 精神保健福祉に関する重要案件や全県（市）にわたることについては、精神保健福祉審議会を通し、専門家の意見を得るようにしていますか。
4. 審議会の構成メンバーにある程度の枠組みはありますか。たとえば、学識経験者何名や、医師会関係者何名等。
5. 各委員が意見表明する機会はありますか。
6. 精神保健福祉審議会に当事者委員を委嘱したきっかけをお教えください。
7. 最初に当事者委員が参画したのは平成何年ですか。現在まで途切れることなく参画は続いていますか。
8. 当事者委員参画の利点はありますか。
9. これまで当事者委員からどのような発言がありましたか。
10. 当事者委員の発言が行政の施策につながることはありますか。
11. 当事者委員にはどのようなことを期待しますか。
12. 県（市）内の当事者団体の活動について把握していらっしゃいますか。
13. 当事者委員増員の予定はありますか。
14. その他の会議に当事者委員は入っていますか。
15. 精神に障害のある方々と意見交換を行う機会はありますか。
16. 審議会の議事録を2年分程、頂戴することはできますか。

表5-2-2：インタビュー・ガイド（当事者委員の参画がない場合）

1. 地方精神保健福祉審議会の位置づけはどのようになっていますか。
2. 審議会は任意設置であり、他の障害者関係の会議で兼ねるところもありますが、将来的に○○県（市）もそのように考える可能性はありますか。
3. 精神保健福祉に関する重要案件や全県（市）にわたることについては、精神保健福祉審議会を通し、専門家の意見を得るようにしていますか。
4. 審議会の構成メンバーにある程度の枠組みはありますか。たとえば、学識経験者何名や、医師会関係者何名等。
5. 過去に精神に障害のある方々を当事者委員として委嘱したことはありますか。
6. 各委員が意見表明する機会はありますか。
7. 行政の方々の中には当事者のご意見を得たいというお考えはありますか。
8. 当事者委員を委嘱しない理由をお教えください。
9. 当事者サイドの考えは家族委員から得られるとお考えになりますか。
10. 仮に、審議会を担当する部署内で当事者委員を入れる方がよいと考えた場合、実行に移すことは可能ですか。
11. 県内の当事者団体について、ある程度把握していらっしゃいますか。
12. 精神に障害のある方々から審議会に参加したいと言う声はありますか。
13. 精神に障害のある方々と意見交換を行う機会はありますか。
14. 今後、当事者委員の参画を進める場合に、○○県（市）ならどのような過程が考えられますか。
15. 審議会の議事録を2年分程、頂戴することはできますか。

ガイドを中心に尋ね、対象者から自由な発言がある場合はできるだけ尊重した。

3) 分析方法

　分析はICレコーダーの記録を文字化し、調査対象者に送付し、内容の確認を得た。その後、佐藤（2008）の質的データ分析法を参考に、カテゴリー、コード、一部データを抽出した。

第2節　当事者委員の参画がある都道府県等とない都道府県等の比較

　聞き取り調査の結果、「審議会への当事者委員の参画あり（Ⅰ群）」、「当事者委員の参画なし（Ⅱ群）」の2群に分け、Ⅰ群は6カテゴリー、29コード、80一部データを、Ⅱ群は6カテゴリー、35コード、96一部データをそれぞれ抽出した。文中ではカテゴリーを【　】、コードを〈　〉、一部データを《　》で示した。また、聞き取り調査時の発言そのままを「　」で示した。
　以下、表5－3から表5－10に各カテゴリーのまとめ表をⅠ群、Ⅱ群の順で示した。表5－4の当事者委員参画の経緯、表5－5の当事者委員の評価についてはⅠ群のみ、また、表5－9の当事者委員の参画がない理由、表5－10の当事者委員参画に向けたプロセスについてはⅡ群のみである。
　表内のカッコ内の数字、またはアルファベット記号は発言者を識別するために付した。数字と記号は当事者委員の参画がある都道府県等に付したNo.1～23と当事者委員の参画がない都道府県等に付したA～Xを指す。

1) 審議会の位置づけ

　Ⅰ・Ⅱ群に拘わらず、【審議会の位置づけ】は〈法令・条例遵守〉〈精神に特化〉〈施策・障害者計画等の策定〉〈専門性の高さ〉〈意見の重み〉にまとめられ、地方の精神保健福祉行政の中で審議会は重要な位置づけにあることがわかる。Ⅰ群では特に〈長期継続審議する場〉〈当事者・市民の意見を得る〉についての言及があった。〈長期継続審議する場〉をあげた都道府県等は5年にわたり継続審議したい議題を毎回審議し、その他、開催時のみ報告・審議する議題も織り交ぜ、重要な案件を丁寧に取り扱う都道府県等であった。また、Ⅰ群では《支援者だけでなく当事者の意見を得ることができる》という発言があり、審議会を当事者参画の貴重な機会と捉えていた。

表5-3-1：審議会の位置づけ（Ⅰ群：当事者委員あり群）

カテゴリー	コード	一部データ
審議会の位置づけ	法・条例遵守	・精神保健福祉法第9条の規定に基づき、精神保健および精神障害者の福祉に関する事項を調査審議するために設置され、重要案件を審議する。(2,4,6,7,8,10,11,12,13,16,19,20,22) ・県等の付属機関として位置づく。(1,5,9) ・知事（市長）に意見具申できる。(23)。
	精神に特化	・三障害の中で重みづけが小さくなりやすい精神障害に特化した重要な会議と位置づける。(19) ・精神保健福祉に特化した重要案件を審議できる。(8,10)
	施策・障害者計画等の策定	・大きな施策や方向性を決める場である。(18) ・障害福祉計画の策定を他部署と連携し、進める。(19) ・障害者計画の策定、進捗状況管理等について審議する。(21)
	専門性の高さ	・医療面も含めた専門性の高い案件を扱える。(3,4,16,20)
	意見の重み	・正式な意見を聞く場合には条例で設置する審議会の意見の重さが意味を持つ。(2)
	長期継続審議する場	・長期的な施策や継続して検討したいことを審議できる。(22)
	当事者・市民の意見を得る	・支援者だけではなく当事者の意見を得ることができる。(14) ・多様な市民の意見を反映できる。(19)

表5-3-2：審議会の位置づけ（Ⅱ群：当事者委員なし群）

カテゴリー	コード	一部データ
審議会の位置づけ	法・条例遵守	・精神保健福祉法に基づき設置し、条例に従い、精神保健および精神障害者の福祉に関する事項を審議する。(J,K,V) ・条例に基づく。(R)
	精神に特化	・長く設置・開催し、県の精神保健福祉の様々を考える上ではずすことができない。(E,W) ・保健医療計画の中の精神保健医療の進捗管理を毎年報告する上で必要である。(B,N,T)
	施策・障害者計画等の策定	・大きな動きや法改正等、重要案件を審議する。(L) ・外部意見を聞き、施策に反映させることができる。(U) ・障害者計画の意見をもらえる。(N)
	専門性の高さ	・専門性が高く、精神保健福祉に関する調査、審議ができる。(Q)
	意見の重み	・最高の意思決定機関に位置づけられる。(C) ・他会議とは別格の位置づけにある。(S)
	市民の意見を得る	・市民の意見を反映させることができる。(M)

	他審議会・会議で協議	・障害者施策推進協議会に統合した。(A,H) ・医療審議会は必置であることから、医療審議会の部会に統合した。(F) ・自立支援協議会精神部会に移行を予定している。(D) ・他会議で精神保健分野の医療計画を策定、進捗管理する。(O) ・福祉面は他会議で取り扱い、医療・保健に関しては連絡協議会での実施を予定している。(G) ・医療審議会等に分割・整理した。(I,P)
	指定病院取り消し時に開催	・指定病院の取り消しのために審議会を開催するため、必要が生じた時に開催する。(X)

　一方、Ⅱ群は〈市民の意見を得る〉〈他審議会・会議で協議〉〈指定病院取り消し時に開催〉があがり、Ⅰ群と比較すると審議会の位置づけが高くないことが考えられる。実際、審議会から障害者施策推進協議会や医療審議会に移行したところ、あるいは審議会を残しつつ、他会議に比重を移したところや、連絡協議会や障害者自立支援協議会精神部会等小規模な会議に変更する予定のところがあった。

2）当事者委員参画の経緯

　【当事者委員参画の経緯】は、〈全庁に渡り当事者委員参画の意向〉〈担当課内の総意〉〈当事者委員の参画は当然〉のように当事者委員の参画を進める上で明確な理由が行政担当者にあり、参画がすみやかに展開したと思われる。〈当事者団体の存在〉は行政担当者の現実事情として、推薦を得られる当事者団体が存在すると当事者委員の参画を進めやすいことから実現に至ったものと思われる。また、〈外部からの推奨〉のように議員や有識者等が推奨する場合も参画が実現しやすかったことがわかる。

3）当事者委員の評価

　当事者委員の参画については肯定的な評価が得られていた。〈行政の不足を補完〉については、専門職や行政職員では気づけないサービス利用者側の視点からのアドボカシー（政策提言）が歓迎されていた。たとえば、ある都道府県等では当事者委員が自殺対策を進める時にうつ病者にのみ焦点化せずに、統合失調症者等も視野にいれてほしいと意見を出したことで、地域保健医療計画に

第5章 地方精神保健福祉審議会への精神障害当事者委員の参画に関する検討　145

表5－4：当事者委員参画の経緯（Ⅰ群）

カテゴリー	コード	一部データ
当事者委員参画の経緯	全庁に渡り当事者委員参画の意向	・全庁の方針として各種会議に当事者委員の参画を考えた。(1,21) ・全庁で障害当事者参画促進の内規が定まった。(10) ・知事の方針（12）
	担当課内の総意	・障害者計画等の作成のため当事者の意見を聴く必要がある。(2) ・当事者委員が参画するのは行政の総意。(5,13) ・障害者権利条約、障害者差別解消法、改正障害者雇用促進法等を意識し、担当課と有識者で検討し、当事者委員の役割が大きいと判断した。(16) ・当事者委員の参画により充実した審議が行われることを期待している。(15,19)
	当事者委員の参画は当然	・審議会の性格上当事者を含む多様な意見を聴く必要がある。(4,6,7,14) ・当事者、家族も含め審議会を運営することは疑問にもならなかった。(20) ・当事者の意見を聴取することでより充実した審議が行える。(3,8,16,18) ・当事者委員の意見を聴くことは当然（3,11,22）。
	当事者団体の存在	・複数の当事者団体を一本化する当事者団体があり推薦を依頼した。(22)
	外部からの推奨	・当事者参画を勧める意見が担当課外からあり、実現に至った。(23)

盛り込まれた。審議会は総論の意見が出されることが多く、即座に何らかの課題の解決や、政策や計画に影響することにはなりにくいが、当事者委員の意見が計画に反映された例であり、行政の政策を当事者委員と共に策定する意識を行政担当者が持っていることが窺える。《自分たちの足りないところを当事者からもらえる》《参画してもらわないと行政としても困る》《当事者団体が施策の一部を担っている》など好意的な表現が多くみられた。〈体験にもとづく発言〉や〈当事者・入院者の視点〉では当事者でなければわからないことが語られ、たとえば、グループホーム不足や障害年金の等級が変更になる不安等具体的な言及がなされている。また、当事者が日々生活する中で感じる困難や困り観の説明は切迫感があり、《発言が刺さる感じ》との表現が聴かれた。参集する専門職委員や行政担当者には緊迫したメッセージとなり、説得力を増し、早急に改善が必要なものと考えられる。〈場に与える緊張感〉では、当事者の切実な、生きた経験が参考になることが述べられ、他人事ではない緊張感を共有しながら審議会が成立していることが理解できる。

表5－5：当事者委員の評価（Ⅰ群）

カテゴリー	コード	一部データ
当事者委員参画の経緯	行政の不足を補完	・当事者委員の意見を得ることは当然で、入ってもらわないと行政担当者として困る。(5) ・行政担当者の足りないところを当事者からもらっている。(13) ・精神保健福祉医療全体の課題に意見をもらえる。(3,19) ・当事者団体が施策の一部を担っている。(14) ・行政に迎合するのではなく、行政担当者が気づかない指摘があり役立つ。(11)
	体験にもとづく発言	・自らの体験を活かした発言があり、精神に障害のある人に対する理解の促進がなされる。(7,18) ・直に生活されている人の意見で、非常に参考になる。(1,20,23) ・当事者の切実さを共有できる。(2) ・当事者が実際に求めていることが確認できる。(9) ・自身の体験から、たとえば退院後の支援の大切さを伝えてくれる。(22)
	当事者・入院者の視点	・当事者でないと出ない視点から意見をもらえる。(4,6,8,12,15,16,21) ・ユーザーとして感じる効果や、困りごと等は専門職からは絶対に出ない。(17) ・入院体験のある人の視点は違い、貰う意見がチェック機能になっている。発言が刺さる感じで、具体的な指摘がありがたい。(10)
	場に与える緊張感	・当事者の課題は切実であり、他人ごとではない緊張感がある。(2) ・立場や視点の違いが効果を生む。(10)
	意見集約への期待	・当事者の言葉は重いが、個人が思うだけということもある。(5) ・当事者らの意見を取りまとめ、また持ち帰り共有してもらえると意見を吸い取りやすくなる。(23) ・当事者団体の意見を集約してほしい。(12)

　そうした中、《当事者の言葉は重いが、個人が思うだけということもある》との指摘や、《当事者団体の意見を集約してほしい》という発言にみられるように、行政担当者は委員個人の独断に偏らず、精神に障害のある人々を代表する意見を求めており、それらは当事者委員への〈意見集約への期待〉と考えることができる。

4）**当事者活動の把握・つながり**

　【当事者活動の把握・つながり】については、第2章の質問紙調査の結果ではⅠ群で23件中18件、Ⅱ群は34件中25件で当事者活動を把握しており、Ⅰ群、Ⅱ群共に7割を越えていた。聞き取り調査でも多くの行政担当者が以下の発言をしている。《つながりは昔からある》《当事者団体の理事会・イベントに顔を出す》《顔なじみ》《当事者が要望を伝えに庁舎を訪ねてくる》《当事者団

体から要望書が出され回答する》《活動を支援している》等、関係が複数、かつ、多岐にわたっており、精神に障害のある人々との関係性が窺えた。

　当事者活動の把握は2つの点で意味を持つと思われる。一つは直に本人たちを知ることで会議参加可能な人材を発掘しやすい。もう1点は、審議会に参画する委員は団体からの充て職や推薦が多いことから（笠原2011）、当事者を代表する団体を把握できれば依頼しやすくなると考えられる。全国の審議会で家族委員の参画が多いのは全国組織の家族会の存在が大きいと思われる。

　しかし、Ⅱ群の場合は、〈あまり把握していない〉〈ほとんど把握していない〉という発言が聞かれ、Ⅰ群とは異なる様相を呈した。《委員をお願いできる関係までは作れていない》《家族会、断酒会とつながりはあるが、その他の団体は把握していない》等、把握していても当事者団体や精神に障害のある人々自身とのつながりが乏しい様子がみられた。

　〈把握、つながりあり〉に分類された4件は他会議に当事者委員の参画があるか、予定していた。当事者活動の把握や、地域で生活する精神に障害のある人々との顔の見える関係の形成は、今後の当事者委員の参画と関わる可能性が推測できる。当事者活動を把握していない都道府県等であれば、現実の精神に障害のある人々の姿を思い描くことができず、力を過小評価する可能性が考えられる。精神に障害のある人々とのつながりは、力量への不安の解消、人選のたやすさ、当事者委員参画の根拠が明確になり、部署内で参画を検討する機会を生むことが考えられる。

　しかし、今回の聞き取り調査で、「精神疾患を持つ人々との接点は自傷他害の通報関連の時で、地域で安定して生活する人々と出会うことがほとんどないです。」と回答した行政担当者が複数おり、担当業務の中で当事者活動と出会うチャンスがない場合はあった。安定して地域生活を送る精神に障害のある人々の情報を課内や関連部署間で情報共有し、当事者活動や精神に障害のある人々の姿の見える化を進める必要があると思われる。行政担当者と精神に障害のある人々の接点が得られると行政担当者の意識が変わり、参画を検討する可能性が生じる。しかし、一方で、目立った当事者活動が存在しないか、活動が顕在化していない都道府県等も考えられる。そうした地域は当事者活動の育成と、アドボカシー（政策提言）を行う人材育成も視野に入れ、進める必要があ

表5－6－1：当事者活動の把握・つながり（Ⅰ群）

カテゴリー	コード	一部データ
当事者活動の把握・つながり	把握、つながりあり	・把握している、つながりがある。(1,2,5,8,10,13,14,16,19) ・当事者・家族会とのつながりは昔からある。(6,7,11,20) ・当事者団体の理事会・イベントに顔を出す。(22) ・ピアサポーターとは距離が近く、顔なじみである。(3) ・当事者委員が要望を伝えに庁舎を訪ねてくる。(19) ・現当事者委員の所属を把握している。全県的に活動している会はわかる。小規模の当事者団体については別部署が把握している。(10) ・大きな所は把握している(4,22)。 ・当事者団体から要望書が出され回答する。(4) ・活動を支援している。(14)
	一部把握している	・連絡を取ることは可能だが、直接のかかわりはない。(8)
	把握していない	・あると思うが詳しく把握していない。(18,21) ・把握していない。(23)

表5－6－2：当事者活動の把握・つながり（Ⅱ群）

カテゴリー	コード	一部データ
当事者活動の把握・つながり	把握、つながりあり	・当事者団体の総会には、課から職員が出席する。(J) ・県が行うピアサポート養成研修で県職員が講演した。(D) ・長く活動する当事者団体があり、県独自の医療費助成制度実施に至る過程で家族会、当事者が一緒に活動した。精神に障害のある人々が設立した地域活動支援センターがある。(G) ・把握している。(M) ・当事者研修会を実施し、活動を支援している。(P)
	一部把握している	・当事者の団体は把握しているが、委員をお願いできる関係までは作れていない。(A) ・当事者活動とつながっているのは断酒会のみである。(H,I) ・家族会等は委託事業をお願する等つながりがあるが、当事者団体とはない。(K) ・家族会連合会、断酒会とつながりはあるが、その他の団体は把握していない。(F)
	把握していない	・当事者団体については把握していない。(C,N,O,R,T,U) ・当事者活動は活発でないと思う。(E) ・他課で当事者団体の冊子を作成しているが、当課は直接の接点がない。(X) ・当事者団体がない。(L,Q,S,V,W)

る。

5）他会議への精神に障害のある人々の参画

　【他会議への精神に障害のある人々の参画】についてはⅠ群・Ⅱ群とも参画が少なくはなかった。このことは、参画できる当事者委員が全国の様々な都道

表5−7−1：他会議への精神に障害のある人々の参画（Ⅰ群）

カテゴリー	コード	一部データ
他会議への当事者委員参画	参画あり	・自立支援協議会に参画。(4,7,10,22) ・障害者施策推進協議会に参画。(3,7,10,16,17,22) ・自殺対策協議会に参画。(19) ・アルコール対策推進協議会に参画。(2,11) ・地域生活支援協議会に参画。(12,21)
	把握していない	・内容により当事者を呼んでいると聞いているが、当事者委員の参画については把握していない。(8) ・把握していない。(23)
	不明	・不明（1,5,6,13,14,15,18,20）

表5−7−2：他会議への精神に障害のある人々の参画（Ⅱ群）

カテゴリー	コード	一部データ
他会議への当事者委員参画	参画あり	・自立支援協議会に参画。(M,N,P) ・障害者施策推進協議会に参画。(A,M,N) ・自殺対策協議会と依存症協議会に参画。(P) ・障害者協議会に参画。(X) ・自立支援協議会精神部会に参画予定。(D,L) ・連絡協議会に参画予定。(G) ・アルコール関連委員会に参画予定。(I)
	参画なし	・参画していない。(O,Q,R,V,W)
	不明	・不明（B,C,E,F,H,I,J,K,T,U）

府県等に存在することを示している。Ⅰ・Ⅱ群とも当事者委員が参画している会議は自立支援協議会、障害者施策推進協議会、自殺対策会議、アルコール関連会議等で、会議種の点で2群の間に大きな違いは見られなかった。Ⅱ群の場合、他会議への参画がありながら審議会への当事者委員の参画がなかった。当事者委員の参画があった障害者施策推進協議会や自立支援協議会は、障害のある人の参画が法律に示され、課内の合意を得やすいが、審議会は医療・福祉の専門性が高く、附属機関としての格の高さがあり、人選が慎重になることが推察された。また、特定の議題や目的に限定される会議や部会は、当事者委員参画について検討しやすかったと考えられる。一方、縦割り行政の場合、他会議で当事者委員の貴重な発言が重宝されていても、それぞれの会議の行政担当者が異なり、当事者委員の評価に関する情報が共有されていない可能性が考えられた。

表５－８－１：精神に障害のある人々の意見を聴く機会・直接のつながり（Ⅰ群）

カテゴリー	コード	一部データ
精神に障害のある人々の意見を聴く機会・直接のつながり	意見交換会の実施	・年に１回意見交換会、団体要望の機会がある。(2,5,8,10,11,19) ・意見陳情の機会がある。(16,20)
	イベント等のつながり	・精神保健福祉大会時に関わりがある。(2) ・行政主催のスポーツ大会への協力を通して関わりがある。(22) ・県の施設の一室を開放し当事者活動の機会を促進している。(2) ・イベントでのつながりがある。(22,23) ・当事者団体の総会に呼ばれ、意見・宿題をもらう。(12)
	ピアサポート養成関連	・ピアサポーター養成事業を相談支援事業所に委託し、運営会に毎回参加し、意見をもらう。(3) ・地域移行関連事業でピアサポーターと情報交換する。(6)
	日常的なつながり	・当事者の意見を聞く機会が日常的にある。(18) ・クリニックや、作業所等に専門職や当事者が集まり、日々考えを出し合う機会がある。(13) ・当事者団体と顔合わせが活発で意見をもらえる。(14)
	直接訪問・電話連絡あり	・県庁に意見を言いに来所される。(5,10,19) ・電話で意見を話される。(22)
	つながりなし	・当課ではつながりがないが精神保健福祉センターはあるだろう。(21) ・直接関わることはない。(8)

表５－８－２：精神に障害のある人々の意見を聴く機会・直接のつながり（Ⅱ群）

カテゴリー	コード	一部データ
精神に障害のある人々の意見を聴く機会・直接のつながり	意見交換会でのつながり	・意見交換会を行う。(D,G,N) ・意見交換会・イベントを３年に１度行う。(H,U) ・毎年、県との意見交換会で当事者から会議への参画を求める要望があり、近く実現する。(G)
	家族会とのつながり	・家族会とはつながりあり。(I,O,P,Q,R,S,X)
	当事者団体とのつながり	・当事者団体の集まりで直接意見を聴く。(P)
	限られたつながり	・措置入院の関係で直接かかわりはある。(O)
	つながりなし	・当事者と直接関わりをもたない部署のため、直接の関わりはない。(A,K,L,V,W,X) ・当事者と直接接点を持てる機会はないが、当事者の声を得ることを考えていきたい。(Q) ・市町は当事者と接すると思うが、県はない。(B,R) ・ほとんど関わりはなく、見知った当事者は事業所スタッフのフォローが必要だった。(S)

第5章　地方精神保健福祉審議会への精神障害当事者委員の参画に関する検討　151

6) 精神に障害のある人々の意見を聴く機会

　Ⅰ群は〈意見交換会の実施〉〈イベント等のつながり〉〈ピアサポーター養成関連〉〈日常的なつながり〉〈直接訪問・電話連絡あり〉〈つながりなし〉がみられ、当事者活動かピアサポーターとの接点等複数の機会があると考えられる。具体的には定期的に団体要望や意見陳情を聴く機会や、スポーツイベントや精神保健福祉大会等で精神に障害のある人々との関わりがあり、意見や宿題をもらっている。また、ピアサポーター養成事業の運営会に参加し、意見を得ている。中には《クリニックや作業所等に専門職や当事者が集まり、日々考えを出し合う機会がある》と回答した都道府県等があった。しかし、Ⅰ群の中にも《直接関わることはない》場合もみられた。

　Ⅱ群も意見交換会を実施する所や当事者団体の集まりで意見を聴く場合はあるが、《当事者と直接の関わりはない》場合や、《措置入院の関係で直接関わりはある》のように、精神に障害のある人々と接点がないか、あっても状態がよくない時の接触だった。こうした状況であれば、精神に障害のある人々が審議会で発言できるのか確信が持てない可能性はあり、当事者委員の参画につながりにくいと思われる。

7) 当事者委員の参画がない理由

　Ⅱ群の【当事者委員の参画がない理由】は、〈検討したことがない〉〈家族委員が代弁〉〈参考意見で良い〉〈他で意見を得る機会がある〉〈体制が整っていない〉〈人選の難しさ〉〈当事者委員の適切性・専門性への危惧〉〈参入する余地なし〉〈本人らが参画を望まないと類推〉があがった。

　〈検討したことがない〉が選択された理由として、審議会の場合、構成員の大枠が従来から決まっている都道府県等があり、特段の理由がないと変更しないことが考えられる。特段の理由とは法律の変更、知事の方針などの上からの改革である。トップダウンの指示がない都道府県等はボトムアップ、つまり、精神に障害のある人々自身、また、彼らを支える人々である家族や介護者や専門職が精神疾患を経験した人のアドボカシー（政策提言）の必要性を訴えなければ検討する事態に至らないことが考えられる。

　また、〈家族委員が代弁〉するとの回答は、家族委員で精神に障害のある

人々の意見は聴取できると考えていた。

　さらに、審議会の担当課内で前向きに検討する気運はありつつも、〈人選が難しい〉場合や、〈参入する余地なし〉の場合があり、これらの中には前述のように審議会構成員の大枠があり新規の委員の参入が見込めない都道府県等である。審議会の委員は公平性・代表性を重視するため、たとえば、地元の医師会や診療所協会、あるいは精神保健福祉士協会等に推薦を依頼し、多くはこれらの団体の代表が委員になりがちである。これまで依頼していた団体ではない新たな団体にあたる場合は相応の理由が必要になり、現実的には参画が困難になることがある。

　加えて、〈参考意見で良い〉〈他で意見を得る機会がある〉については意見交換会などの要望を聴く場を設けていることや会議の参考に精神に障害のある人々の意見は聴いていると考える場合である。しかし、参考意見と審議会の当事者委員では、審議会の位置づけの高さや、意見の重みの点で質が異なる。審議会の構成員であるということは病の経験者としての専門性を尊重され、他の専門職と対等な位置づけに当事者委員が置かれていることを意味する。精神に障害のある人々の人権を尊重した上で、貴重な意見をいただくために参画していただいているのであり、参考程度に意見を聴いたということとは根本的に違いがある。

　また、〈体制が整っていない〉では医療政策的課題を検討するなど専門職委員でも方向性を見出しにくい内容に当事者委員はそぐわないと考えるところがあった。体制が整っていないことは、当事者委員を含めて検討できるチャンスでもある。しかし、精神に障害のある人々が会議場面で行政機関にとって有益なアドボカシー（政策提言）が可能な人たちであるという認識がなければ、精神に障害のある人々抜きで話が進み、従来通りのやり方が継承されると考えられる。

　実際、〈当事者委員の適切性、専門性への危惧〉〈本人らが参画を望まないと類推〉といった力量面から参画を困難と判断する意見があった。《行政の会議の委員となると個人の要望だけでなく客観的な状況をふまえ意見をもらえることが望ましい》《接点のある当事者は苦情等の申し立てが多く、施策に絡む力を発揮するところまではいかない》《当事者が参加する研修の場で自分の思い

表5－9：当事者委員の参画がない理由（Ⅱ群）

カテゴリー	コード	一部データ
当事者委員の参画がない理由	検討したことがない	・これまで検討したことがない。(C,K,O,R,X) ・条例の参加要件に該当しない。(L,W)
	家族委員らが代弁	・家族委員から当事者の意見も含めて発言をもらえ、家族が代弁している。(A,H,J,N,O,T) ・現家族委員が、当事者委員と同程度、意見の数や厚みを持って語れる。(V)
	参考意見で良い	・当事者に参画してもらうよりは違う機会に聞き取りし、参考にするかと思う。(U) ・参画が大切なことだと思うが、審議会に入るからいろいろなことが解決する訳ではない。(B)
	他で意見を得る機会がある	・意見交換会で当事者団体の意見を聞いている。(B) ・当事者の意見はアンケート等で拾い上げている。(T)
	体制が整っていない	・地域包括ケアシステムを検討する場合、医療機関と体制を作ってから、当事者委員参画を検討したい。(P)
	人選の難しさ	・当事者委員を入れたいが、当事者活動を把握していないので人選が難しい。(E) ・当事者委員の参画があったが、前任者が辞退後、人選が難しい。(Q) ・当事者委員を入れるなら、入って欲しい人がいてそれを取り込むという形と思う。(T) ・前回の委員の改選時に検討したが、適当な人が思いあたらなかった。(W) ・医師らから当事者委員参画の要望があるが、人材がいない。(S)
	当事者委員の適切性、専門性への危惧	・当事者委員を排除しているのではないが、行政の会議の委員となると個人の要望だけでなく客観的な状況をふまえ意見をもらえることが望ましい。(G) ・接点のある当事者は苦情等の申し立てが多く、施策に絡む力を発揮するところまではいかない。(V) ・当事者が参加する研修の場で自分の思いだけを話していた。(R)
	参入する余地なし	・審議会委員を委嘱する団体の大枠があり、当事者委員が参入する余地がない。(M)
	本人らが参画を望まないと類推	・偏見、閉鎖性から当事者は外に出にくく、参画を望まないのではないか。(I)

だけを話していた》《偏見、閉鎖性から当事者は外に出にくく、参画を望まないのではないか》などを行政担当者が語った。

　ある都道府県等の議事録の中に当事者委員が冗長な前置きをし、話がどこに至るかみえないほど関係のない話を続け、その後に意見を述べている例があった。当該行政担当者に長すぎる発言をする当事者委員の振る舞いについて確認すると、「ちょっと、色々とまあ、ご意見はありまして……」と審議会委員か

ら当事者委員の発言の長さについては他委員会から指摘があること、議長ができるだけ軌道修正を試みることが説明された。しかし、「参画する医療関係者の方々も尊重していただいています。（当事者委員からは）刺さるようなことを言っていただくことがあるんですね。ご自分の経験されたことをおっしゃっていただいて、具体的なことを言っていただける部分ではすごくこちらとしてはありがたいなっていう風に思います。」と話されていた。会議場面にふさわしくない発言をするので精神に障害のある人々に参画してもらうのは不適切ととらえるか、できるだけ精神に障害のある人々の力を発揮していただくか、行政担当者の判断が分かれる点だが、こういう時こそ適切な配慮が求められる。

8）当事者委員参画実現に向けたプロセス

【当事者委員参画実現に向けたプロセス】については、〈参考意見を聴取する機会の設定〉〈ワーキンググループや部会への参画〉〈他の本会議への参画〉〈当事者活動の認知〉〈適する人材の存在〉〈本人の申し出〉〈担当課内の合意〉にまとめられる。

〈参考意見を聴取する機会の設定〉は、これまで行政機関の会議に当事者委員の参画がなかったところのファーストステップになると考えられる。たとえば、質問紙への回答や、議題について参考意見をもらう等具体的な協力を得る中で精神に障害のある人々の意見を得ることが行政担当者にとって利得がある実感が得られれば、会議への参画を検討するきっかけになることが考えられる。

〈ワーキンググループや部会等への参画〉〈他の本会議への参画〉は、テーマが限定される小規模な会議や大きな会議の部会等への参画が実現すると、その先に本会議やより大きな会議への参画が実現しやすくなると思われる。

続いて、〈当事者活動の認知〉〈適する人材の存在〉は、活動する当事者団体を把握し、メンバーの中に専門職と対等な関係を築き、自立して動ける人材がいれば、当事者委員としての参画が一気に進む可能性がある。実際、《ある程度活動している団体があれば参画は難しい話ではない》《この人が必要と思える説得力のある人なら、当事者委員が参画する方がわれわれも動きやすい》という発言があった。また、ピアサポート養成等から人材を発掘することも考え

第5章 地方精神保健福祉審議会への精神障害当事者委員の参画に関する検討 155

表5－10：当事者委員参画実現に向けたプロセス（Ⅱ群）

カテゴリー	コード	一部データ
当事者委員参画に向けたプロセス	参考意見を聴取する機会の設定	・3年に1回、当事者のイベントを当事者と保健所職員で作り上げる機会があるので、意見を得る。（U） ・精神保健福祉センターの担当者から意見聴取してもらう。（F） ・何かの事項についてオブザーバーとしての参加を得る。（U）
	ワーキンググループや部会への参画	・ワーキンググループや部会への参加の方が入りやすい。（C,J） ・部会には当事者に入ってもらいたい。（T） ・ピアサポーターの養成が進んだことで、自立支援協議会精神部会への参画を実現できた。（D） ・自立支援協議会に精神部会を作り当事者参画を検討している。（P） ・自立支援協議会の地域移行部会に当事者委員が参画する予定。家族会から要望が出ている。（Q） ・自立支援協議会のサブグループへの参画から段階を踏むのがよい。（S）
	他の本会議への参画	・他の会議参画で実績を積むのが望ましい。（K）
	当事者活動の認知	・ある程度活動している団体があれば参画は難しい話ではない。（E） ・当事者団体が育てば徐々に考えることはある。（C,H,L） ・一定の公平性を見ながらにはなる。（H） ・地道に地域で活動し、新聞等に取り上げられると話が進みやすい。（I） ・患者を代表した意見を言える団体、当事者活動を統括する連合会の代表等なら適切である。（U） ・当事者活動がわかれば参画を検討すると思う。（?）
	適する人材の存在	・今までは本人ができないから家族がみてきたが、当事者が直接意見を言えれば、参画は十分あると思う。（H） ・当事者の中で中心になる人が育つとよい。（T） ・権威のある人の勧めや、小さな会でも代表だと参画ははるかにしやすい。（I） ・当事者委員というくくりは委員の幅が広がるイメージを外部に印象づけるので、適する人がいれば望ましい。（I） ・この人が必要と思える説得力のある人なら、当事者委員が参画する方がわれわれも動きやすい。（T）
	本人の申し出	・公募枠があるので当事者が応募すれば参画する可能性はある。（B） ・直接委員になりたい人がいれば、具体的に考えられる。（C） ・当事者が要望すれば行政は動くことになると思う。（I）
	担当課内の合意	・課内で意見がまとまれば実現に向かうことはありえる。特に地域移行は家族と本人の意向が違う場合がよくあるので、当事者に入ってもらいたい。（C） ・当事者委員の参画について課内で共有できれば実現可能。今後は、当事者委員の参画が広がると思う。（A） ・課内で前向きに検討中。（G）

られる。加えて、行政担当者が地域で安定的に暮らす精神に障害のある人々を知ることが参画の第一歩と考えられる。行政担当者によっては精神に障害のあ

る人々との関わりがほぼない中で、当事者参画を検討することは現実的ではないため、地域で暮らす精神に障害のある人々との接点を持てることが重要と考えられる。

一方、〈本人からの申し出〉は、精神に障害のある人々から主体的に参画したい声があれば検討が進むことを行政担当者は示している。たとえば、《直接委員になりたい人がいれば、具体的に考えられる》《当事者が要望すれば行政は動くことになると思う》という発言があった。しかし、第2章のⅢ期の質問紙調査の結果では、当事者からの参画の要望は全57都道府県等のうち19件（29.7％）のみである。今後は精神に障害のある人々自身が参画を表明する主体としてのアプローチが求められる。これらの他に、審議会に公募枠を持つ行政機関が9件あるが、ない所が多く、今後、公募枠を創出することが考えられる。また、公募されている会議に精神に障害のある人々が応募していないために公募枠が活用されていないところが5件あり、これらを活かすことが重要である。

〈担当課内の合意〉については、担当課内で当事者委員参画の意見がまとまれば実現可能であることが述べられている。

これまでの参画に向けたプロセスからは審議会への当事者委員参画のハードルは高くなく、複数の方略が存在している。いくつかの都道府県等は実現のためのスイッチを入れる所まですでに来ていることが窺えた。

以上の結果をもとに、当事者委員参画実現に向けた関係図を図5－1に示した。

まず、審議会への参画を実現させる場合に、行政機関と精神に障害のある人々の2方向からアプローチすることが必要と思われる。

行政機関からのアプローチの過程としては、個々の都道府県等の事情により展開の仕方は異なると思われるが、たとえば、①当事者団体の存在を把握し、②団体の中でアドボカシー（政策提言）できる人材を見出し、③機会をみつけてその人材らから参考意見を求め、さらに、④実際に小規模の会議に参画してもらい、⑤本会議にも参画してもらうといった実績を重ねていくことが考えられる。いきなり審議会への当事者委員の参画を実現するには根拠が見出せない都道府県等であれば、このようなステップを経ることで確からしい参画の道筋

第5章　地方精神保健福祉審議会への精神障害当事者委員の参画に関する検討　157

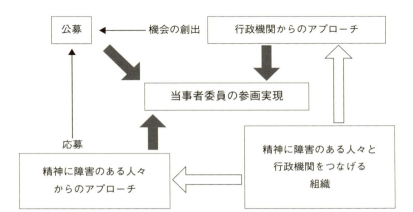

図5－1：当事者委員参画実現に向けた関係図

を形成することが可能になると思われる。仮に都道府県等に当事者団体が育っていない場合は、ピアサポート養成事業等で活動するピアサポーターにはたらきかける方法も考えられる。

　もう一方の精神に障害のある人々からのアプローチについては、自身が参画を申し出ることである。精神に障害のある人々からの主体的な参画要望がある場合、行政機関は検討に着手することになる。明確な参画要望がありながら、もし行政機関が対応しなければ、障害者差別解消法等をもとに意義を申し立てることもできるが、それ以前に行政機関からの適切な対応が期待できる。実際上、参画にいたるかは各都道府県等の事情によるが、これまで「検討したことがない」地域に変化をもたらす可能性がある。

　これら2方向からのアプローチに加え「精神に障害のある人々と行政機関をつなげる組織」も考えられる。この組織は、たとえば①当事者委員の参画の経緯、参画することの利点や意義や評価に関する情報を行政機関と共有し、②精神に障害のある人々の中でアドボカシー（政策提言）可能な人材について行政担当者から推薦の依頼があれば紹介し、③精神に障害のある人々に行政機関の会議の開催状況や審議内容を公開し、④参画に関心のある人たちが会議参画の要望を出せる機会を創出し、⑤当事者委員がアドボカシー（政策提言）するためのスキルのトレーニングも含め人材育成を担うなら、当事者委員の参画が容

易になることが予想できる。

　この他、図の左上には公募について記載した。審議会で当事者委員を公募しない都道府県等は多く、今後は公募枠を創出するはたらきかけが行政機関からのアプローチとして必要である。また、精神に障害のある人々からのアプローチとしては公募に応募することである。

　法律の改正等重要な案件に対し精神に障害のある人々がアドボカシー（政策提言）する機会は審議会である。サービス利用者側の視点が含まれた制度・政策の実現のためには、当事者委員の参画とアドボカシー（政策提言）は欠かせないものと思われる。精神に障害のある人々の制度・政策への関与や、専門職とのパートナーシップの構築は精神に障害のある人々のリカバリーの促進にもつながることから（木村2004）、審議会への当事者委員の参画とアドボカシー（政策提言）は多大な意味を持つと考えられる。

第3節　事例検討

　これまで行政担当者への聞き取り調査をもとに審議会への当事者委員の参画のある都道府県等とない都道府県等の特徴を示した。参画のある都道府県等の中にも違いがあり、また、ない都道府県等も同様である。そこで、以下の基準でタイプ分けを行った。なお、当事者委員の参画がありながら、当事者委員への聞き取り調査ができなかった場合、たとえば行政担当者から文書で回答を得、現地に出向かなかったケースやスケジュールの都合がつかなかったケースは分類不可とした。

　審議会への当事者委員の参画がある都道府県等のうち、当事者委員から審議会や行政担当者に対し肯定的な発言が聞かれたところをA（6件）、聞かれなかったところをB（10件）、当事者委員の参画がない都道府県等で参画に向けた動きをしているところをC（7件）、参画の予定がないところをD（17件）、7件を分類不可とし、A～D 4タイプの中から行政担当者と精神に障害のある人々を取り巻く全体像がある程度把握できた都道府県等を抽出し、各々の詳細を示す。

1）A群：当事者委員からの肯定的評価が得られた都道府県等（No.4）

　No.4は当事者団体の成り立ちに特徴がある県である。2000年代に精神保健福祉センターに所属する県職員が県全体をまとめる当事者団体の設立を志向し、精神に障害のある人々に声かけをし、1年あまりの準備期間を経て2004年に当事者団体が誕生した。国は2008年以降、精神科病院からの地域移行支援事業を国の補助金事業として実施したが、それ以前から当県は独自に進め、2003年に身体・知的・精神障害の地域移行に関わる部署を設置していた。前述の当事者団体が地域移行に伴うピアサポート事業を県から委託され、実施し、他にも複数の事業を受託し、県内の精神保健福祉の発展に今に至るまで寄与している。2007年には市職員の発案で当事者団体を法人化し、地域活動支援センターを開設し、補助金収入を得て安定的に運営できるようになった。

　全国的には都道府県が当事者組織の育成・支援から手を引き始めた2000年以降に、No.4は知事の意向もあり、県・市職員が尽力し、当事者団体の運営基盤を整えた例である。もちろん、県・市職員のはたらきかけがあるとはいえ、当事者団体を運営するのは精神に障害のある人々自身であり、相談支援事業を維持できる力のある人々が複数いたことが大きい。審議会への当事者委員の参画は2005年からはじまり、当事者団体の役員が務め、現在に至る。

　設立に尽力した県職員は精神に障害のある人々が声をあげ、それを行政担当者が受け止めることの重要性を認識し、精神に障害のある人々が意見表明を行うよう支援し続けたという。県職員の果たした役割は精神に障害のある人々のアドボカシー（政策提言）の実現を支援した点と、精神に障害のある人々を地域移行に加え、必要な体制を整えた点と考えられる。実際、審議会に参画する当事者委員は、精神疾患の経験者の立場からアドボカシー（政策提言）を続けている。

　審議会では当事者委員の発言に対し、行政担当者と専門職委員が「良いご発言をいただいた」と尊重する様子が議事録の中にみられ、審議会全体が当事者委員の意見に耳を傾ける姿勢がうかがえる。

　No.4は精神に障害のある人々を支援する県職員・市職員の存在とそれを後押しする県行政の体質、また、全県に渡り活動する当事者団体の存在、この両

者の存在と円滑な関係性が審議会の当事者委員参画とアドボカシー（政策提言）の実現の点で大きかったと思われる。当事者団体設立時からの県職員の協力、当事者団体の役員が当事者委員を担う点、当事者団体の役員は多くの精神に障害のある人々と密接な関係があり、仲間の考えを代表する発言ができる点がNo.4の魅力である。したがって、No.4は精神に障害のある人々も含めた行政機関の運営がなされている好例と考えられる。

2) A群：当事者委員からの肯定的評価が得られた都道府県等（No.22）

　No.22の審議会の特徴は平成23年に審議会のあり方を検討し、その時々のトピックや制度を策定・変更したことを取り上げるだけでなく、長期的な政策の一貫性を保つため継続して検討するものを定め、それに加えてタイムリーに審議する課題を盛り込む方式をとる。年に2回開催し、保健医療福祉の専門家が集まり議論できるものとして審議会を重視してきた。障害者施策推進協議会が策定する障害福祉計画、医療審議会とも互いに報告し合う形でつながっている。審議会では時間が足りないほど活発に意見交換がなされている。

　当事者委員の参画については1980年代から活動する当事者団体があり、それらをつなぐ連絡会があり、その団体からの推薦を得て参画が実現した。現在その団体は活動休止中だが10年以上継続して当事者委員の参画がある。行政担当者としては連絡会があったことで、公平性・代表性の点で妥当な精神に障害のある人々に参画を依頼することができ、選出の苦労はなかった。他にも就労系の団体があり、また、No.22はピアサポートを事業化しているので、委員の推薦を依頼する先は複数ある。

　審議会の当事者委員は障害者施策推進協議会と自立支援協議会の本会議の委員を兼ね、他課が精神に障害のある人々で委員候補を必要とする時に情報提供している。この他に自立支援協議会の部会に参画する当事者委員がおり、市内に当事者委員を担える人材は複数いる。No.22の場合は障害関連の様々な課の会議に当事者委員が参画し、参画は行政機関の中で当たり前になっている。

　精神に障害のある人々との日常的なつながりとしては、直接電話で意見を聴く場合や、精神保健福祉センターに入った意見を聴き、共有する場合もある。精神保健福祉センターと審議会担当者とは車の両輪のように一体化し、連携で

きている。当事者団体の交流会やスポーツイベントに行政職員が顔を出すことや、行政機関が企画するイベントに協力を得ることもあり、顔の見える関係は行政職員と精神に障害のある人々が作り上げてきたこれまでの歴史の積み重ねである。課内には専門職として採用された職員が複数いるのも強みである。かつては当事者団体から要望が続き、政策の議論が進みにくかったが、現在は要望を尊重しつつ大きな課題を継続審議する取り組みに変わった。行政機関と当事者団体の関係は協働の方向に進んでいる。現部署は他部署からも精神保健福祉に関わることはあの課に聞けばよいと信頼され、たとえば、街づくりや児童虐待関連の部署から呼ばれることもある。

　さらに、No.22の審議会は精神疾患のある人々とも家族会とも長い付き合いがある議長に非常に助けられている。

　当事者委員の発言については個人のプライバシーに触れてしまうことや発言に時間がかかること、感情が高ぶり涙ぐむことはある。前者については本人の了解を得て、または、後日、本人からの依頼で削除し、後者についてはせかさず待つ姿勢で対応し、周囲の委員がフォローしている。

　当事者委員自身は、行政担当者や会議委員に受け止められ、参画の経験を重要なものと感じている。行政担当者に昔からの知り合いが多く、行政担当者と気軽に意見を言えるざっくばらんな関係がある。はじめて審議会に参画した時は顔見知りを隣に配置する配慮が得られた。行政機関の会議に参画することでやりがいを感じている。

　以上、行政担当者と当事者委員の発言から、No.22では精神保健福祉の様々な業務を進めていく上で審議会が重視されている。これまで47の都道府県等に聞き取り調査を実施したが、審議会で諮る長期的議題を設け、継続審議していると説明した都道府県等はNo.22だけである。また、行政機関内で精神保健福祉に関わる部署の連携がみられた。さらに、当事者団体や家族会とは古くからの日常的なつながりがあった。加えて、当事者委員は審議会に安心して参画できていることが感じられる。この当事者委員は他会議にも参画しており、やりがいを感じ、本人のリカバリーにつながる可能性が推測できた。また、会議に参画できる当事者委員は複数存在し、人材の豊富な地域である。

3) B群：当事者委員の参画がある都道府県等（No.2）

No.2は審議会を条例で設置し、精神保健福祉についての審議は審議会で行う。当事者委員についてはただ意見や要望を聞くだけでなく、条例で設置している審議会で出た意見として重視し、次の取り組みをする際の裏付けや根拠になると考えている。

2001年から当事者委員の参画がある。参画の経緯は障害者計画を策定する時に精神に障害のある人々の意見も聞く必要があると県が考えたことによる。当事者委員は県精神保健福祉連合会（家族会）からの推薦で2017年まで1期3年間務めた。特に、県で作る計画、たとえば自殺対策や医療計画について意見を貰ったが、政策に結びつくというよりも広く意見をもらうと考えている。

当事者委員については、積極的な発言があり、審議会が活性化し、緊張感があると思うし、精神に障害のある人々の課題は切実で県はどういう姿勢で臨むのか他人事ではなく聞く委員がいるが、当事者委員の良い点は特にわからない。行政担当者は当事者委員から指摘があって、回答することもあれば、意見を聞くだけで終わることもある。当事者委員の発言で直接政策等が変わったことはなく、何かの折に取り組みに活かさせてもらうと考えている。

当事者団体とのつながりは、精神保健福祉連合会の総会に出席し行政説明をすることや、障害者団体との意見交換会を年に1回行う。家族会、高次脳機能の団体、自閉症関連、断酒会を含め、身体、知的の団体もある。精神保健福祉大会を毎年行っている。参加団体は精神保健福祉協会に入っている病院や施設や団体で、パネル展、物品販売等を行い、複数の機会に当事者団体とのつながりはある。また、県の所管の建物をいろいろな障害者団体に貸している。

審議会委員の公募も行っている。精神に障害のある人の応募がもしあれば、審議会で2名の当事者委員が参画することになるが応募はなく、精神に障害のある人の家族から応募があった。

アルコール関連会議に断酒会の当事者委員が参画しているなど、行政担当者とのつながりはある。

対して、当事者委員は審議会の場で意見を言っても行政担当者から回答をもらえず、聞いたで終わっている。当事者委員がもう一人いれば、複数の意見になるので行政担当者が聞く可能性があると思う。県は精神に障害のある者が参

画した名目が欲しいだけで、結論ありきの会議に感じられる。発言の良しあしはともかくとして、意見を受け止める姿勢が欲しい。議題について精神に障害のある者がどう考えるか聞いてほしいが、そういう機会が全然ないと感じていた。

　No.2については行政担当者の発言と当事者委員の発言の食い違いが見られる。行政担当者からは審議会に広く市民の意見を得たいと思い、当事者委員の参画があるのは当たり前と考えている。当事者団体とのつながりがあり、他会議にも当事者委員が参画し、審議会に公募制を導入している。ところが当事者委員はアドボカシー（政策提言）しても受け止めてもらえていないと感じ、行政担当者とのずれが当事者委員にとっては不全感となっている。

4）C群：当事者委員の参画に向け検討中の都道府県等（D）

　Dはこれまでも現在も審議会を設置しているが自立支援協議会精神部会と審議会の役割分担があいまいになり、今後は法・制度改正時は審議会で審議し、それ以外は精神部会で取り扱うことになった。審議会と自立支援協議会を担当する部署は同じであり、上記の分担は可能である。自立支援協議会は6部会あり、知的・身体・発達の障害と関わる部会もある。障害計画は障害者施策推進協議会で検討するが、これを担当する部署とも確認し合いながら進めている。

　2011年度からピアサポーターを養成し、2015年からいろいろなところに人材派遣している流れがあり、精神に障害のある人々の意見を聴く機会がある方がよいと担当課内で考え、自立支援協議会精神部会の当事者委員参画を2017年3月から開始した。当事者団体の育成は精神保健福祉士協会が担っていることから、当事者委員の推薦を得た。精神保健福祉士協会は意欲的で、本業の勤務外の時間に県の事業に協力してもらい、様々助けてもらっている。

　審議会への当事者委員の参画を検討する場合、部会であれば担当課内で委員の割り振りを決めることができるが、審議会となるとより上の意見も得るため、これまでの委員枠を変えて、あるいは増員し当事者委員に参画してもらうにはきっかけが必要になる。

　自立支援協議会の本会議への当事者委員の参画については、担当課が別にな

るためそことの話し合いが必要になる。都道府県等によっては障害福祉課が担当するようになってきていると思うが、当県は福祉課と健康課に分かれている。

年に1回障害福祉サービスの事業所、家族会、当事者団体の要望を受ける日を設けている。精神に障害のある人が個別に県庁を訪ねて意見や要望を述べることはない。精神の当事者団体とはつながりがあり、総会には当課から出席する。ピアサポーターの研修で講演を行うなど、顔のみえる関係性がある。

将来的には審議会にも当事者委員の参画の可能性がある。

Dの場合は、当事者委員を担える人材をピアサポーターから見出し、自立支援協議会の部会への参画が実現した。当事者委員の参画に対し、プラスの評価が定まれば、続いて自立支援協議会の本会議、審議会へと発展する可能性がある。当事者委員の育成には精神保健福祉協会が役割を果たしている。委員そのものを育成しているのではないが、ピアサポーターの養成の過程で、アドボカシー（政策提言）できる人材が自ずと育っていると考えられる。

しかし、部会から本会議、ないしは審議会への参画が実現できるかは難しい面も見られた。本会議は他課の担当になるため、審議会と自立支援協議会の精神部会を担当する課が当事者委員を評価しても、その評価の影響は他課には及ばない可能性がある。審議会に新しく当事者委員を入れる場合は、関係者の納得が得られる根拠が求められるので、他課と連携しつつ十分な説明ができれば、参画は実現すると思われる。

5）C群：当事者委員の参画に向け検討中の都道府県等（G）

Gは2006年の精神保健福祉法改正以後、審議会を開催していないが、廃止には条例の改正が必要であり、保留のまま、福祉面を自立支援協議会、医療・保健面を連絡協議会、検討会に分割した。

県では古くから当事者団体が活動し、精神保健福祉手帳1・2級所持者への県独自の医療費（入通院）助成制度実施の過程で、精神に障害のある人々、家族会等の運動が大きな原動力となり、長い間要望し続け、実現した。近年は当事者団体とのつながりはソフトになったが、アドボカシー（政策提言）の場面

ではきれいごとではない。行政担当者と精神に障害のある人たちがひざ詰めで話し合ってきた。

　Gの場合、これまで保健所が当事者活動の育成を担ってきた。しかし、法改正後、当事者活動の育成は停滞し、保健所が医療の入口部分、市町村が医療の出口である退院部分を担当するようになった。しかし、市町村は業務に忙しすぎ、当事者活動の育成に手がまわらない。育成は地域のソーシャルワーカーに期待したい。

　県内には精神に障害のある人々が設立した地域活動支援センターがある。県と地域の事業所でピアサポーターを養成し、雇用されたピアスタッフがいる。ピアスタッフについては専門職の不足をピアスタッフで補っている面があり課題はある。

　これまで、毎年、意見交換会で精神に障害のある人々から会議への参画の要望があった。これらをふまえ、連絡協議会への当事者委員の参画が実現した。精神に障害のある人々とは顔の見える関係があり、他会議にも当事者委員の参画がある。精神に障害のある人々の場合、断酒会の人々は社会経験が豊富で的を射た指摘がある。しかし、他の精神の疾患の場合、意見交換会の場で普遍化した意見に至らない場合はある。行政担当者としては精神に障害のある人々のしんどさを伝えてほしいし、代表性のある意見がほしい。ただ、彼らに負担をかけてはいけないと思う。

　Gは精神に疾患のある人々と長くつながり、苦楽を共にしてきた行政担当者がおり、行政機関や当事者活動、ピア関係の現況や課題を把握している。また、他部署の行政機関の役割、地域事業所の専門職への期待も語られ、地域全体への目配りがあり、地域ネットワークを機能させようと指揮をとっていた。精神に障害のある人々のアドボカシー（政策提言）については辛口の指摘はあるが、できないことの指摘で終わらず、当事者委員の力を活かすにはどうしたらよいかを模索している。

　審議会を開催するかは地域の事情によるため、Gでは開催しないが、独自のあり方で精神に障害のある人々の参画が実現した。

6）D群：当事者委員参画の予定がない都道府県等（F）

　Fの審議会は2008年に廃止され、医療審議会、障害者施策推進協議会、自殺関連協議会、精神疾患対策部会等に分割された。

　これらの会議の中に家族会が参画するものはある。Fでは家族委員を当事者とし、精神に障害のある人々の意見を得ていると考え、精神疾患を経験した人々の会議参画の発想がなかった。審議会から他会議への移行時も当事者委員の参画を検討していない。

　当事者団体としては家族会、断酒会を把握している。主に精神保健福祉センターが両団体とつながっているが、たとえば、断酒啓発活動の該当キャンペーンを断酒会と共に実施することはある。家族会は月に1回会報を届ける等、たびたび要望を伝えに当課を訪問する関係がある。

　仮に当事者委員を検討する場合、断酒会関係者は高齢化の点で難しく、気分障害や統合失調症の団体の存在を把握していない。これまで精神に障害のある人々からの参画の希望はなく、なんらかのきっかけがないと難しいと考える。

　行政担当者が精神に障害のある人々と直接話すことがほとんどなく、行政担当者の認識は、精神疾患のある人々はあまり表にでない、精神科医療につながらない、中心になって音頭をとる精神に障害のある人々がなかなか出てこない、会議場面で意見を言えるところまでは行けていないとのことだった。Fでもクリニック数が増え、受診者数が増えているので、これから少しずつ変化すると思うが、自分たちは日々の業務に追われ、当事者委員の参画まで全然行けていないと思うと発言された。過去は県内に医師養成大学がなく、医学部ができてからの歴史が長くないので、精神科の医師数は近隣県と比較すると少なく、精神保健福祉センターに常勤の精神科医の配置がなく、Fの中でも精神科の分野は遅れているとの背景事情が説明された。

　Fの場合、「当事者」イコール精神に障害のある家族の発想があり、精神に障害のある人々との接点が乏しく、行政機関の各種会議に参画する可能性はまったく想定されていなかった。個々の行政担当者の認識と言うよりは、精神保健福祉領域全体がまだ発展途上の段階にあると思われる。Fのように医師数が多くない、関連部署とのつながりが少ない、各精神保健福祉領域の役割が整備

されていない行政機関の場合、審議会の場を活用しながら整えていける可能性はある。しかし、Fでは審議会を廃止し、他の障害や医療も含まれた複数の会議に分散したために、精神保健福祉に特化した議論が難しくなっていることが推測される。当事者活動については育っていないのか、把握されていないのか定まらない。精神保健福祉全体の体制が整っていない構造的な課題がある中で、行政担当者が主体的に改善に動くのではなく、音頭を取ってくれる精神に障害のある人々が現れることを期待しており、担当課内で改善することの難しさを物語っているように思えた。また、協力する専門職、たとえば、精神保健福祉士協会や保健師らの存在について語られることがなかった。当事者委員の参画を検討するところまで「全然行けていない」という発言が現状を表している。

このような都道府県等の場合、形だけ当事者委員の参画が実現すると当該委員が徒労感を持ち、活かされないままになる可能性が考えられ、当事者委員をサポートできる行政担当者の存在、専門職の協力も同時に形成しながら、当事者委員の参画を検討する必要があろう。

今回の4分類は聞き取り調査時の行政担当者や当事者委員の発言をもとに分類し、文章化しており、審議会や行政担当者に対し肯定的な発言をしていないことが、否定的評価を意味するものではない。限られた面接時間の中での発言であり、恣意的な分類になっていることを付記する。

まとめ

今後の審議会における当事者委員の参画とアドボカシー（政策提言）の実現に関し47都道府県等の行政担当者から貴重な話を聴くことができた。

これまで示したように審議会を含む行政機関の会議において当事者委員が活躍するためには大きく2方向からのアプローチが考えられた。一つは行政担当者からの歩み寄りであり、もう一つは精神に障害のある人々からの接近である。行政担当者と精神に障害のある人々が何らかの形でつながることで、お互いにとって利得のある関係を築くことが可能である。すでに当事者委員の参画

がある都道府県等の多くは当事者委員に対しプラスの評価をしていた。また、当事者委員は行政の制度・政策に関与できることを誇りとし、力を発揮しようと努め、アドボカシー（政策提言）を実現できることがやりがいとなり、自分たちのリカバリーにも通じていた。

　しかし、行政担当者と当事者委員の間に良好な関係がまだ形成されていない場合は、改善すべき課題が複数存在する。一つは行政担当者が当事者活動や精神に障害のある人々を把握することである。把握と言っても単に名前を知るだけでなく、地域の当事者団体と組織運営に関わる人びとを知り、当事者団体から依頼があれば、また、行政機関が依頼すれば互いに協力し合える関係である。もう1点は精神に障害のある人々自身も行政機関に接近することである。たとえば、家族会は月に1回会報を発行するたびに行政担当者を訪ね、意見や要望を伝えている。これらも大切なアドボカシー（政策提言）活動である。可能な範囲で当事者団体からの歩みよりが望まれる。三つ目として行政担当者と精神に障害のある人々のあと押しとなる専門職のサポートや行政機関の他部署との連携が間接的に大きな効果を生むと予想する。

　7事例の中には残念ながらそれぞれの機能が発揮されていない都道府県等があった。たとえば、No.2は上記の行政担当者と当事者団体や当事者委員がつながるしくみは形成されているが、機能していないというべきか、表面的なつながりで、本当の意味で当事者委員のアドボカシー（政策提言）をくみ取ろうとしていない。Fは行政担当者に地域で安定して暮らす精神に障害のある人々の姿が乏しく、また、それ以前に精神保健福祉行政がまだ発展途上にあり、当事者委員の参画やアドボカシー（政策提言）に意識を向ける余裕がない状況が考えられた。乗り越えるべきハードルが多い地域は、できることからの取り組みになると思われる。いずれにしても、行政機関が精神保健福祉に関わる制度・政策を検討する時に精神に障害のある人々を含めて考えていくことが当たり前になることが非常に重要と思われる。

第6章
まとめ

1）ソーシャルアクションとしての参画とアドボカシー（政策提言）

　本書は障害者権利条約が示す「障害のある人は権利の主体である。」という理念を実現するための一つの方法として、精神に障害のある人々の政策決定過程への参画と、アドボカシー（政策提言）の実践について検討してきた。これらの動きは広くソーシャルアクションと捉えることができる。

　社会福祉の援助技術の一つに位置づくソーシャルアクションは社会福祉士の国家資格化後、衰退の方向にあることが指摘されている（岩間2014）。岩間（2011）は「個別支援から当事者の声を代弁したソーシャルアクションへと展開していくことが重要な視点となる。」と述べ、これまでソーシャルワーカーの業務が個別支援中心だったことを改め、ソーシャルアクションに目を向けることを示唆している。本書であれば当事者は障害のある人々であり、障害のある人々の声を代弁するのがソーシャルワーカーの援助技術と考えられる。しかし、障害福祉領域では障害のある人自らが声をあげ、活発な当事者運動を展開してきた歴史がある（中西ら2003）。当事者運動の活動家の中には代弁してもらいたいと思わない人はいる。したがって、求められるのは、ソーシャルワーカーが障害のある人々の声を代弁するソーシャルアクションではなく、障害のある人々が自分たちの経験をもとに自分たちが主体となって福祉権の拡充を図るソーシャルアクションである。福祉権とは人々の生きる権利を国家に要請するものと捉えることができる（藤井博志2010）。

一方で、当事者運動も歴史と共に変遷し、藤井博志（2010）が「これまでの当事者対行政、当事者対企業、当事者対福祉機関というような対立関係を鮮明にした要求実現運動だけでなく、ある側面では利害を一致させた協働行為として福祉権拡充を図っていく実践も散見されだした。」と述べるように、協働型ないしは提案型の交渉に移行している感がある。高良（2017）はわが国におけるソーシャルアクションの実践モデルとして「ソーシャルアクションを社会福祉関連法制度の機能不全等によって制度から排除されている人びとのニーズの充足と権利の実現を目的に、多様な主体の協働によって非営利部門サービスやしくみを開発し、その実績をもとに政策主体と協働しながら立法的・行政的措置の実現を目指すことで、<u>社会的発言力の弱い当事者</u>の声を政策に反映していくとともに、このプロセスを通して権力や関係等の構造を変革する一連の組織的かつ計画的活動（p.150）」と定義した。藤井博志（2010）同様、高良（2017）もまた交渉相手とは対立ではなく協働により結果を成すと考える。しかし、本定義では「社会的発言力の弱い当事者」（下線は著者が加筆）と形容されているが、障害のある人々は発言力が弱いのだろうか。障害のある人々の場合は発言の機会が保障されず、権利が付与されてこなかった問題と考えることができる（藤井克徳2010）。高良自身も「当事者がソーシャルアクションの一連の活動において、あらゆるパワーを高めるエンパワメントのプロセスとするためにも、当事者主体の担保のあり方を明らかにする必要があると言えよう。」と述べている（高良2017）。

たとえば、保育所の不足といった具体的なニーズは母親や、それを支援するソーシャルワーカーを含めた関係者も直接行動を起こしやすく、社会の理解を味方としながら、保育所増設という目に見えた成果につながる可能性がある。しかし、ソーシャルアクションは個別ニーズに沿った問題解決だけでなく、最終的には当事者の福祉権の拡大へと結実するものである（藤井博志2010）。ソーシャルアクションが重要なのは、この福祉権を念頭においたソーシャルワークを推進する点であり、個々具体のニーズの把握と、それへの対応にのみ留まれば、個別支援中心のソーシャルワークの踏襲であり、立法的・行政的措置の実現といったソーシャルアクションの政策に影響を及ぼす部分を矮小化させる可能性がある。

第6章　まとめ　171

　これらの点から本書では、障害のある人々を対象とし、当事者委員が他の委員と対等な立場で政策決定過程に参画し、自らの経験をアドボカシー（政策提言）に結実させることに焦点をあてた。わが国は2014年に障害者権利条約を批准し、障害のある人々が行政機関の政策の立案等に参画することは自明なことのはずである。その先の到達目標は障害者権利条約の実現である。しかし、現実はどうだっただろうか。

2）これまでのまとめ

　本書は序章で政策決定過程における精神に障害のある人々の参画の意義とこれまでの歩みを示した。第1章はカリフォルニア州とニューサウスウェールズ州、大阪府における当事者委員の参画やアドボカシー（政策提言）の現況を示し、彼らが活躍し、また、彼らを支える行政担当者や当事者団体、NGO・NPO法人を紹介した。比較の対象としたカリフォルニア州とNSW州は精神に障害のある人々の参画を当たり前と捉えていた点がわが国と異なる点である。しかし、わが国の中にも精神疾患の経験のある当事者委員の実践例がある。この実践例の当事者委員の所属は大阪精神医療人権センターである。大阪精神医療人権センターが実現した精神医療オンブズマン制度への取り組みは精神に障害のある人々の声を聴くことが当たり前でないわが国の精神保健福祉領域にみごとに風穴をあけた一つの典型例である。ここ、日本においてもアドボカシー（政策提言）を実現でき、制度を策定できた前例が確かに存在する。

　第2章からは実践報告である。まず、地方精神保健福祉審議会における当事者委員参画の概況に関する質問紙調査の結果を示した。当事者委員の参画は3割から4割へ微増し、当事者委員の参画がある都道府県等の行政担当者からは精神に障害のある人々の立場からの発言を期待し、当事者委員への肯定的評価が多数示された。しかし、当事者委員の参画がない都道府県等はサービスの利用者の考えを聴く発想が十分でなく、様々な専門職団体に委嘱する、あるいは推薦された人々を委員とする慣例的な選考方法を踏襲したままだった。明確な理由があって当事者委員を排斥しているのではないが、検討していないところが複数あった。

　第3章では審議会に参画する当事者委員の発言数は専門職委員に比して多く、

また、内容の面では、精神に障害のある人々の視点を加味した発言をし、精神に障害のある人々が受ける不利益を予想し、点検役をし、要望の実現に向けアドボカシー（政策提言）を実践していた。当事者委員の参画によって多様な意見にもとづく審議が可能になり、また、審議会全体を活気づけていた。

　第4章では審議会に参画する当事者委員への聞き取り調査を実施した。多くは審議会の中でたった一人の当事者委員であることから、行政機関の中でも格付けの高いフォーマルな会議で、孤軍奮闘しながらアドボカシー（政策提言）を実現する困難を予想した。しかし、多くの当事者委員は使命感を持ち、サービス利用者側の視点から発言していた。意見表明することがイコールアドボカシー（政策提言）ではないが、アドボカシー（政策提言）実現に向けた意見表明は成し遂げられていると考えられる。行政機関の他会議に参画する当事者委員が過半数おり、会議参画に慣れていることがプラスに作用していると考えられた。しかし、当事者委員の中には、発言が一方通行で行政担当者から受け止められていないと感じることや、ざっくばらんな会議を期待する指摘が多くあった。中にはやりがいが見出せない当事者委員もいた。当事者活動とのつながり、行政担当者とのつながりを指標に4分類した結果からは、当事者活動・行政担当者とのつながりが保たれると、力を発揮する傾向が示された。このように安心・安定して参画でき、当事者委員の意見が尊重されることで当事者委員が政策の立案・運営を意識したアドボカシー（政策提言）の実践へとつながる可能性が考えられる。

　第5章は地方精神保健福祉審議会を担当する行政担当者への聞き取り調査をもとに当事者委員の参画がある都道府県等とない都道府県等を比較した。当事者委員の参画がある都道府県等がサービス利用者側の視点を活かした制度・政策の立案・運営を本気で考えるのであれば、一つは行政担当者からの歩み寄り、もう一つは精神に障害のある人々からの接近が必要であることがわかった。日常的なつながりの先に会議参画が成立すると、当事者委員は行政担当者や参画委員から発言が尊重されていることを感じ、行政の制度・政策に関与できることを誇りとし、力を発揮しようと努め、アドボカシー（政策提言）へと進む可能性が考えられ、当事者委員のエンパワメントにもつながるだろう。その逆に行政担当者と精神に障害のある人々のつながりが保てないと、当事者委

員が負担を感じることが予想された。

　一方、当事者委員の参画のない都道府県等はこれまでサービス利用者側の視点が加味されることの利点を味わったことがない。食わず嫌いのまま、当事者委員の参画を検討していないことが予想される。参画のある都道府県等の行政担当者の中には「当事者委員の参画がないと困る。」との発言があったが、この実感が各地の行政担当者の間で共有されると、委員の委嘱に変化が生じる可能性がある。

　では、具体的に精神に障害のある人々と行政担当者との良好なつながりを形成するにはどうしたらよいだろうか。

3）行政担当者からのアプローチ

　全国には多くの当事者団体が存在する。かつて、保健所や精神保健福祉センターが当事者団体を育成支援していた時代があった。しかし、法改正等で行政機関の役割が変化している。第5章のGの事例の中に「保健所が医療の入口部分、市町村が医療の出口部分を担当するが、市町村は業務が忙しすぎ、当事者団体の育成に手がまわらない。育成は地域のソーシャルワーカーに期待したい。」という発言があった。この点はGに限らず、他の都道府県等も類似の事情にあることが予想できる。また、行政の支援がなくても精神に障害のある人々のパワーで当事者団体を維持・運営しているところはある。しかし、1970年代、1980年代に設立されたものの中には、メンバーが高齢化し、活動維持が難しくなった団体はある。第5章の事例Dは精神保健福祉士協会が当事者団体の育成を担っており、Gが言うところの地域のソーシャルワーカーによる育成の例と言えるだろう。いずれにしても、新たな当事者団体の組織化の方略が必要と考えられる。

　第5章の事例No.4は行政担当者が当事者団体の育成を進めた。2000年以降に行政機関の支援で当事者団体が立ち上がり、維持された画期的な事例と言える。知事から号令がかかり、県庁全体が障害のある人々の声を尊重する機運があったことが大きい。このようなトップダウン型のアプローチから、当事者活動の推進・発展を図ることを模索することもできるだろう。

4）精神に障害のある人々からのアプローチ

　行政担当者への聞き取り調査の中で精神に障害のある人々からの参画の要望が19件（29.7％）、要望がありながら参画が実現していないところが7件あった。聞き取り調査時に、要望があれば考えると複数の行政担当者が発言している。当事者委員の参画がない都道府県等の行政担当者からは当事者委員の参画を提案するきっかけや根拠が必要であることが言及されており、精神に障害のある人々からの参画の要望はきっかけや根拠になるという。行政担当者が課内で検討することは、これまで「検討したことがない」都道府県等にとっては新しい動きが生まれる可能性はある。

　また、審議会委員を公募する都道府県等が9件あるが、そのうち5件は当事者委員の応募がなかった。公募の情報が精神に障害のある人々に届いていないのか、届いていても希望がないのかは不明である。いずれにしても、障害のある人々が参画の機会を失しており、改善につなげたい点である。

　行政機関の会議がただ緊張し、発言が尊重されない場であれば、障害のある人々が参画する意思を持ちにくくなるだろう。その逆に、会議参画することで、行政の制度・政策に関われている実感が持て、当事者委員のエンパワメントになり、そうした当事者委員の状況を他の精神に障害のある人々が知ることで、参画の要望を持つ人々が拡大する可能性はある。

5）権利回復を支援する団体からのアプローチ

　第1章のNSWのNGO法人であるBeingはアドボカシー（政策提言）できる人材を育成していた。州政府から事業費を得て運営しており、民間委託と言える。行政機関は当事者委員の参画を求める場合、Beingに依頼する。Beingは依頼に応えられるよう行政機関の会議でアドボカシー（政策提言）できるスキルを持つ当事者委員を輩出する。Beingのスタッフの75％は精神に障害のある人々である。Beingで働く人々も、Beingが行政機関の会議に送り出す当事者委員も、ソーシャルアクションの一連の過程に障害のある人々自身が主体的に関与している明確な例と言える。専門職や行政職員ではなく、障害のある人々自身が当事者委員をバックアップしている。もちろん、Beingの運営費は州政府が提供しているので、行政機関の支援があることは明白である。しかし、資

金面の補助が得られれば、障害のある人々自身で運営し、アドボカシー（政策提言）の支援が可能な顕著な例である。

わが国の大阪精神医療人権センターは病棟訪問をしながら、長期入院問題の改善、精神科病院の隔離・拘束問題の顕在化、精神医療審査会の課題の改善等、精神保健福祉の様々な人権問題に関し情報発信、ならびに制度・政策の改善に向けたアドボカシー（政策提言）を実践する団体である。現在、日本国内に数ヵ所類似の団体がある。こうした団体の一部門に当事者委員の参画や当事者委員のアドボカシー（政策提言）のトレーニングを加えることはできないだろうか。あるいは、独立に事業所を立ち上げることが考えられる。事業所が精神に障害のある人々と行政機関をつなぐことで、当事者委員の参画およびアドボカシー（政策提言）の実現が容易になることが予想できる。福島（2013）は障害のある人々がシンクタンク機能を持つことを主張する。可能であれば公共政策の専門家や法制度に詳しい弁護士等の協力も得られれば、情報をデータベース化し、全国の誰もが利用可能とすることが考えられる。全国の中には身近に当事者団体がなく、つながれる人や情報が少ない場合がある。また、様々な事情から直接当事者委員として参画することは望まないが、情報を共有したい人々はいる。そうした人々も含めたプラットフォームとしての事業所が生まれることが切望される。

6) 権利の主体としての精神に障害のある人々

「障害のある人は権利の主体である」ことを今一度考えてみたい。本章の前半でソーシャルアクションについて述べ、障害のある人々の声を代弁するのがソーシャルワーカーの援助技術であることや、社会的発言力の弱い当事者という表現について触れた。権利擁護の語もそうであるが、専門職を含め社会一般の中に、障害のある人々は様々な困難を抱えているのだから、障害のない人たちが助けてあげなければならないという考えがある。それらは善意からだとしても、障害のある人々と支援者側が対等な関係になく、障害のある人々の主体性を奪う。

『目の見えない人は世界をどう見ているのか』の中に、視覚障害の人々は欠落ではなく、異なる方法で異なる情報を手に入れていることが説明されていた

（伊藤2015）。たとえば、壺の内側に模様をつける発想は視覚がはたらく者ではなかなか思いつかない。しかし、視覚に障害のある人々は内側の模様の美しさを楽しむことができ、内側の模様の違いで壺を区別するかもしれない。視覚情報がないことが視覚に障害のある人々にとって常に大きな問題ではないと考えられる。また、もし壺の内側の模様を確かめる視覚に障害のある人々の行為を誤りだ、無駄な行動だと排斥するなら、障害のない人々の社会に障害のある人々をあわせさせているのであり、医療モデルに通底する偏りをうかがわせる。

　精神に障害のある人々の場合も、障害のない人々と同様のレベルに到達するために常に支援してもらわなければならないわけではない。精神に障害のある人々流のあり方が尊重されるだけでよいことがある。たとえば、核心の発言に入る前に非常に長い前置きを語る精神に障害のある人々がいるとする。こうした人々をまわりくどい、会議時間を長引かせる困った人と捉えるか、貴重な核心部分が得られるので長い話全体を尊重するかで結果は大きく変わる。

　社会モデルは社会が障壁を作っているために障害のある人々が不利益を被ることを言い、障壁を取り除くことを重視した。しかし、社会からすべての障壁を除去しても、障害のある人とない人が同一にならないことは序章で触れた。差異ある平等、つまり、人間の中の多様性を認め、差異を尊重した上で平等な権利を認めることで、障害のある人々は「スティグマとしてのインペアメント」を内在化させながらも、「権利の主体」であり続けることができる可能性がある。差異ある平等は本人が自覚すると共に、社会の人々が「違ってもよい」と受け止めることで成立し得ると思われる。精神に障害のある人々がこれまで権利の場から排斥され、権利が付与されてこなかった存在である。その権利を自らが主体的に獲得する権利回復の行動を今こそ実現する必要がある。その一つの足がかりが政策決定過程への当事者委員の参画であり、アドボカシー（政策提言）の実践であると考える。

　本書ではアドボカシー（政策提言）の語が頻繁に登場した。しかし、審議会での当事者委員の発言は意見表明ではあっても、アドボカシー（政策提言）に至らないと思われる場合がある。今回用いたWHOのアドボカシーの定義には

「ある特定の健康目標やプログラムに対する政治的関与、政策支援、社会からの受容、制度的支援を得ることを目的に行われる個人的及び社会的（ソーシャル）アクションの総体」とある（WHO 1998）。政治的関与とは制度・政策に関与することである。たとえば、第3章・第4章で当事者委員の発言の内容を示したが、①自殺対策、②地域移行、③精神医療審査会に対する意見等はまさしく、行政機関が進めている政策に対する政治的コミットメントである。行政機関の会議で飛び交う専門用語を並べ、緻密な分析をし、説得的に語られたものだけが政策提言ではない。また、多様な民意を得ることを目的とする審議会では、本質的には様々な立場の人々からの型にはまらない意見を得る場のはずである。実際は、行政機関が用意した資料の報告が中心で、出る意見も行政機関の意向に沿う発言が中心になる都道府県等があり得るとしても、基本的には政策に関わる意見は歓迎されるはずである。サービス利用者の困った、おかしい、こうしたらもっとよくなるといった気づきを、行政担当者や専門職委員に提示することは広い意味でアドボカシー（政策提言）と考えることができる。

　当事者委員のアドボカシー（政策提言）が、賛同者を得て、制度・政策を策定ないしは改革することは簡単なことではないが、アドボカシー（政策提言）可能な場に参画することで、対等な議論が成立し得ると考えられる。藤井克徳（2017）は「当事者ニーズの反映の観点から、政策審議過程での当事者参加の実質化が厳しく問われなければならない。」と指摘したが、「政策審議過程での当事者参加」とアドボカシー（政策提言）の実現に向け、早急に改善を進めていく必要がある。

　2019年7月の参議院議員選挙で2名の重度身体障害の方々が比例代表制で選出された。彼らの声を国政に反映させてほしいと願う約228万人の国民がれいわ新撰組に票を投じたのである。この政党は障害のある人々のみで構成されているのではないが、投票者は自分たちの思いをこの2人の身体に障害のある人々に託した。その1人の舩後靖彦氏は移動の際に大型車椅子を使用し、介助者を必要とし、自力での発語は困難で、発言には特殊な装置を必要とする。議場は急きょ改修工事を行った。さらに、舩後氏が利用する重度訪問介護は仕事や学業中は受けることができず、議員活動も介護サービス外となる。障害のあ

る人々が仕事を持つことは自立生活の実現であるが、仕事中に介護サービスを受けられない制度上の矛盾がある。今後、舩後氏、また、もう一名の木村英子氏によるサービス利用者の視点からのアドボカシー（政策提言）が大いに期待できる。

　精神に障害のある人々も、同様に、国政・地方行政に当たり前に参画し、制度・政策を監視・評価し、アドボカシー（政策提言）を進めることは極めて重要である。遠くない将来においては、障害のあるなしの区別なく、参画とアドボカシー（政策提言）が実現できる社会へと変革を遂げていると信じたい。

初出原稿一覧

第1章
松本真由美（2013）：精神障害のある人の権利回復―地域移行支援事業におけるピアサポートの導入・拡大と地方精神保健福祉審議会への精神に障害のある人の参画を中心として―．北星学園大学社会福祉学研究科博士論文，1-123．

第2章
松本真由美（2016）：政策決定過程における精神に障害のある人々の参加．日本医療大学紀要，第2巻，2-11．
松本真由美（2017）：地方精神保健福祉審議会における当事者委員の参画の課題―カリフォルニア精神保健計画審議会に参画する当事者委員・行政担当者への聞き取り調査から―．北海道地域福祉研究，第20巻，12-23．

第3章・第4章
松本真由美（2016）：地方精神保健福祉審議会への精神障害当事者委員の参画に関する調査報告．精神障害とリハビリテーション，第40巻，192-200．
松本真由美（2016）：地方精神保健福祉審議会における当事者委員の役割―地方精神保健福祉審議会議事録の分析から―，北海道地域福祉研究，第19巻，15-27．
松本真由美（2019）：地方精神保健福祉審議会への精神障害当事者委員の参画に関する検討―当事者委員への聞き取り調査から―．日本医療大学紀要，第5巻，17-30．

第5章
松本真由美（2018）：地方精神保健福祉審議会への精神障害当事者委員の参画に関する検討―当事者委員の参画がある群とない群の比較から―．精神障害とリハビリテーション，第43巻，53-60．

付記：
　本研究の実施において平成27～29年度文部科学省科学研究費（課題番号15K03944）と平成30～33年度文部科学省科学研究費（課題番号18K02113）の助成を受けた．

引用文献

阿部浩己（2010）「第4章　権利義務の構造」松井亮輔・川島聡編『概説障害者権利条約』法律文化社．

Adcock, J (2016). California Mental Health Planning Council Meeting Minutes April 20, 21, 22, 2016. California Mental Health Planning Council, May 19, 1-25.

相内俊一・佐藤克廣・渡邊賢　他（1994）「障害福祉行政の政策立案過程における障害当事者の参加の現状とその課題」『北海道ノーマライゼーション研究』No.6,155-177.

赤澤正人・竹島正・竹森久照　他（2014）「保健所における精神保健福祉業務の現状と課題」『日本公衆衛生雑誌』61, 41-51.

Anglicare Australia (2016). Anglicare Australia response to: Fifth National Mental Health Plan Draft for Consultation9 December 2016. オーストラリア第5次保健戦略
https://www.anglicare.asn.au/docs/default-source/default-document-library/anglicare-australia-response-to-the-fifth-national-mental-health-plan-draft-for-consultation.pdf?sfvrsn=4 ［2019.6.3アクセス］

Article19 (2006). Living and being included in the community. Daily summary of discussion at the seventh session 19, January 2006.
http://www.un.org/esa/socdev/enable/rights/ahc7sum19jan. html, ［2019.5.15.アクセス］

Beers, W, C (1908). *A Mind That Found Itself*. 江畑敬介訳（1980）『わが魂に出会うまで』星和書店．

Being (2019). http://being.org.au/ ［2019.6.3.アクセス］

Black Dog Institute (2019). https://www.blackdoginstitute.org.au/ ［2019.6.3.アクセス］

Brian Burdekin (1993). National Inquiry into the Human Rights of People with Mental Illness Launch of Report.
https://www.humanrights.gov.au/about/news/speeches/burdekin-national-inquiry ［2019.6.3.アクセス］

CALBHBC California Association of Local Behavioral Health Boards and Commissions. https://calbhbc.weebly.com/ ［2019.5.15.アクセス］

California Mental Health Planning Council.
http://www.dhcs.ca.gov/services/MH/Pages/CMHPC-PlanningCouncilWelcome.aspx 2016/2/28時点でインターネット上に存在していたが、現在はCalifornia Behavioral Health Planning Councilに変更。
https://www.dhcs.ca.gov/services/MH/Pages/CBHPC%20Overview.aspx ［2019.5.15.アクセス］

CBHDA California Behavioral Health Directors Association.
https://www.mentalhealthworkforce.org/partner/california-behavioral-health-directors-association-cbhda ［2019.5.15.アクセス］

CCMH California Coalition for Mental Health. https://www.californiamentalhealth.org/ ［2019.5.15.アクセス］

Centers for Disease Control and Prevention. https://www.cdc.gov/datastatistics/, ［2019.5.15.アクセス］

Community Advisory Council (CAC).
https://nswmentalhealthcommission.com.au/about/community-advisory-council

［2019.6.3.アクセス］
遠藤美貴（2010）「政策立案への知的障害当事者参加・参画に関する研究——障害者計画／障害福祉計画に関する全国調査に基づいて」『立教女学院短期大学紀要』第42号, 73-81.
藤井博志（2010）「第8章　ソーシャルワークの方法Ⅱ　3　ソーシャルアクション」『ソーシャルワークの理論と方法Ⅰ』ミネルヴァ書房, 262-272.
藤井克徳（2010）「第2章　障害者の参加」松井亮輔・川島聡編『概説障害者権利条約』法律文化社, 16-31.
藤井克徳（2017）「提言——『社会福祉研究』に期待するもの 「4つのものさし」から見えてくる課題の解決に向けて」『社会福祉研究』第130号, 84.
福島智（2013）「日本の障害者施策の質的・構造的変化を目指して——障がい者制度改革推進会議, 障害者政策委員会の審議を中心に」『季刊福祉労働』第141号, 66-77.
原昌平（2018）「精神科病院に入院中の人々のための権利擁護の実現に向けて　開催報告基調講演②日本精神科病院協会「アドボケーターガイドライン」はどこが問題なのか　精神科病院に入院中の方のための権利擁護の拡充に向けて——大阪精神医療人権センター33周年記念活動報告書」『認定NPO法人大阪精神医療人権センター』17-24.
晴山一穂（1999）「議会制度「改革」の問題点」『行財政研究』41号, 58-61.
東俊裕（2008）「第2章　障害にもとづく差別の禁止」長瀬修他編『障害者の権利条約と日本：概要と展望』生活書院.
北海道ピアサポート協会. http://www.hokkaido-peersupport.net/［2019.6.3.アクセス］
星加良司（2007）『障害とは何か——ディスアビリティの社会理論に向けて』生活書院.
細野助博（2003）「審議会型政策形成と情報公開の意義——「決定の質」の政策分析」『公共政策研究』3号, 55-67.
茨木尚子（2011）「障害者福祉制度改革をめぐる動向と今後の課題——当事者参画による改革のゆくえ」『社会福祉研究』第111号, 2-10.
イクタ, ユミコ（2014）「ニューヨーク市における精神保健リハビリテーションサービスの改革——当事者かつ行政サービス責任者としての視点から」『リカバリー全国フォーラム2014講演集』15-16.
Illawarra Shoalhaven Suicide Prevention Collaborative (2019). www.suicidepreventioncollaborative.org.au/［2019.6.3.アクセス］
井上吉郎（2012）「政策委員会を、障害者施策の"司令塔"に」『ノーマライゼーション　障害者の福祉』1月号, 20-21.
石毛鍈子・太田修平・徳田茂・関口明彦（2013）「座談会：当事者参画の障害者制度改革に何を期待し、何を課題として残したか」『季刊福祉労働』第141号, 89-110.
伊藤亜紗（2015）『目の見えない人は世界をどう見ているのか』光文社新書.
伊藤正次（2004）「自治体・地域におけるガバナンス改革の構想と設計」『年報自治体学』17, 27-50.
岩間伸之（2011）「地域を基盤としたソーシャルワークの特質と機能——個と地域の一体的支援の展開に向けて」『ソーシャルワーク研究』37 (1), 4-19.
岩間伸之（2014）「生活困窮者支援制度とソーシャルアクションの接点——地域を基盤としたソーシャルアクションのプロセス」『ソーシャルワーク研究』40 (2), 113-123.
笠原千絵（2010）「地域自立支援協議会とローカルガバナンス——全国調査から見る協議会の機能分析の結果から」『日本の地域福祉』23, 142-153.
笠原千絵（2011）「ローカルガバナンスと当事者参加——自治体担当者を対象とした地域自

立支援協議会全国調査の分析」『日本の地域福祉』24, 57-69.
春日修（2001）「アメリカ連邦諮問委員会法の構造と機能Ⅴ審議会改革に関する法と政策」『青森法政論叢』2号, 1-21.
川島聡（2010）「第1章　障害者権利条約の基礎」松井亮輔・川島聡編『概説障害者権利条約』法律文化社.
川島聡・長瀬修訳（2012）「障害のある人の権利に関する条約 条文見出し一覧」長瀬修他編『障害者の権利条約と日本：概要と展望』生活書院, 208-297.
木村真理子（2004）「リカヴァリを志向する精神保健福祉システム　当事者活動の拡大に向けて　その1　リカヴァリの理念」『精神科看護』Vol.31, No.3, 48-52.
桐原尚之（2012）「実情と条約に即した推進体制を望む」『ノーマライゼーション　障害者の福祉』1月号, 24-25.
小暮哲夫（2019）「自殺率「世界最悪」悩む先住民　オーストラリアキンバリー地方」『朝日新聞朝刊』10面, 2019.4.18.
高良麻子（2017）『日本におけるソーシャルアクションの実践モデル――「制度からの排除」への対処』中央法規.
厚生労働省（2003）「精神保健福祉の改革に向けた今後の対策の方向」（精神保健福祉対策本部中間報告）の概要. https://www.mhlw.go.jp/topics/2003/05/tp0515-1.html
厚生労働省（2017）「平成28（2016）医療施設（動態）調査・病院報告の概況」『厚生労働省政策統括官付参事官付保健統計室』1-52.［2019.4.20アクセス］
Kuhn, Thomas, S. (1962). *The Structure of Scientific Revolution*. 中山茂訳（1971）『科学革命の構造』みすず書房.
倉田哲郎（2012）「障害者政策委員会への期待」『ノーマライゼーション　障害者の福祉』1月号, 16-17.
松本真由美（2015）「地方精神保健福祉審議会において活躍する当事者委員――大阪府堺市の場合」『北海道社会福祉学研究』第35号, 1-13.
松本真由美・上野武治・中村和彦（2012）「地方精神保健福祉審議会への精神障害当事者参加の概要」『第1回日本精神保健福祉学会発表抄録』6.
松本真由美・原田幾世・矢部滋也・髙橋朋克（2017）「ソーシャルアクションとしての政策決定過程への当事者委員の参画：地方精神保健福祉審議会に関わる当事者委員、行政担当者らの声」『日本精神障害者リハビリテーション学会第25回久留米大会　自主プログラム18, 発表抄録』109.
Mental Health Act (2007) Guide Book 5th Edition (2015).
https://www.health.nsw.gov.au/mentalhealth/resources/Publications/mhact-2017-guidebook.pdf［2019.7.1.アクセス］
Mental Health Carers NSW (2019).
https://www.mentalhealthcarersnsw.org/［2019.6.3.アクセス］
Mental Health Commission of New South Wales (2014). Living Well A Strategic Plan for Mental Health in NSW 2014-2024. 1-135.
Mental Health Commission of New South Wales (2017). Review of transparency and accountability of mental health funding to health services. 1-66
Mental Health Commission of New South Wales (2018). Key Directions 2018-2023. 1-11.
Mental Health Commission of New South Wales (2018). Lived Experience Framework for NSWParticipation・Influence・Leadership. 1-8.

Mental Health Commission of New South Wales (2018). Review of the Mental Health Commission of New south Wales Report to Parliament 1-72
Mental Health Commission of New South Wales (2018). Review of the Mental Health Commission of New south Wales Appendices 1-576.
Mental Health Commission of New South Wales Community Advisory Council (CAC) (2018). 7 March 2018 Minutes.［2019.6.3.アクセス］
MHA Mental Health America. http://www.nmha.org/ ［2019.5.15.アクセス］
MHALA Mental Health America of Los Angels. http://www.mhala.org/ ［2017.3.6.アクセス］
三沢潤生（1967）「政策決定過程の概観」『日本政治学会年報政治学』18, 5-33.
三田優子（2012）「障害者制度改革における当事者参加の意義と課題──障害者権利条約の批准に向けて」『社会福祉研究』113, 67-74.
村上直之（1981）「精神衛生審議会精神衛生法改正の社会的過程（3）」『論集』28（2）, 105-122.
永井幹久（1967）「アメリカの諮問委員会制度」『レファレンス』17（12）, 44-64.
長位鈴子（2012）「障害者政策委員会に期待すること」『ノーマライゼーション　障害者の福祉』1月号, 18-19.
長蒄千恵子（2009）「報告─本人の参加に関するアンケート調査から─全日本手をつなぐ育成会　本人活動委員会」『手をつなぐ』7月号, 32-37.
NATSILMH (2015). *National Aboriginal and Torres Strait Islander Leadership in Mental Health : Together we are strong* 1-8.
内閣人事局.「審議会等一覧」
　　https://www.cas.go.jp/jp/gaiyou/jimu/jinjikyoku/files/170801_singikai.pdf ［2019.6.3.アクセス］
内閣人事局「審議会等の整理合理化に関する基本的計画」1999.4.27.
　　http://www.kantei.go.in/in.kakugikettei/990524singikai.html ［2015-7-14］
内藤真弓（2015）「難病対策法制化審議における熟議民主主義の形成──ステークホルダーの言説を事例として」『ノンプロフィット・レビュー』15（1）, 13-26.
中村和彦（2012）「時代を読む29　1965年精神衛生法改正」『ノーマライゼーション　障害者の福祉』3月号, 5.
中西正司・上野千鶴子（2003）『当事者主権』岩波書店.
中嶌洋（2014）「女性労働問題とホームヘルプ事業創設との関連──通知・通達・議事録などの長野県公文書の分析を中心に」『学苑（888）』1-12.
中田健士（2016）「ピアスタッフと専門職の協働を考える──ピアスタッフを雇用すること, ピアスタッフとして働くこと」『日本精神障害者リハビリテーション学会第24回長野大会自主プログラムZ-05配布資料』1-11.
New South Wales (2019). Mental Health Commission Act 2012 No.13.
　　https://www.legislation.nsw.gov.au/acts/201213.pdf#search=%27Mental+Health+Commission+Act+2012+No+13%27 ［2019.6.3.アクセス］
日本ピアスタッフ協会（2016）「第4回全国ピアスタッフの集い報告書」『PEER2015報告書』1-26.
日本障害フォーラムJDF（2010）『障害者権利条約はこうして生まれた　ドン・マッケイ講演録』教文堂.
認定NPO法人大阪精神医療人権センター（2019-1）
　　https://www.psy-jinken-osaka.org/ ［2019.6.3.アクセス］

認定NPO法人大阪精神医療人権センター（2019-2）『2018年度事業報告 2019年度事業計画』認定NPO法人大阪精神医療人権センター．

西川明子（2007）「審議会等・私的諮問機関の現状と論点（小特集：政治における政策決定過程）」『The Reference』57, 59-73.

ノーマライゼーション障害者の福祉編集部（2009）「中央障害者施策推進協議会の委員に尋ねる―アンケート調査にみる特徴点」『ノーマライゼーション　障害者の福祉』7月号, 30-33.

NPO法人セーブ・ザ・チルドレン
　http://www.savechildren.or.jp/sc_activity/crc/outline.html［2019.6.3.アクセス］

NPO法人全国精神障害者ネットワーク協議会（2015）『精神医療ユーザーアンケート「ユーザー1000人の現状・声」シリーズ　最新版統計から見える処方の現状――できるリカバリー・できないリカバリー　2015年度版』NPO法人ウエンディ, 1-100.

NSW (2018). Mental health budgetNSW Budget 2018-2019
　https://www.health.nsw.gov.au/mentalhealth/Pages/budget.aspx［2019.6.3.アクセス］

NSW MENTAL HEALTH COMMISSION ORGANISATION CHART　Mental Health Commission of New South Wales.
　https://nswmentalhealthcommission.com.au/sites/default/files/documents/mhc_org_chart_proposed_2019.pdf ［2019.5.15.アクセス］

岡部史郎（1969）「政策形成における審議会の役割と責任」『年報行政研究』70号, 1-19.

Oliver, Michael. & Sapay, Bob. (1983) Social Work with Disabled people Third edition. 野中猛監訳（2010）『障害学にもとづくソーシャルワーク』金剛出版.

大阪府精神保健福祉審議会（2000）『精神病院内における人権尊重を基本とした適正な医療の提供と処遇の向上について』1-33.

小澤温（2012）「『障害者政策委員会』に期待する――真の当事者参加に向けて」『ノーマライゼーション　障害者の福祉』1月号, 14-15.

Richmond Report (1983). *Inquiry into Health Services for the Psychiatrically Ill and Developmentally Disabled.* 1-400.

Riessman. F. (1965). The "Helper" Therapy Principle. *Social Work*, 10, 27-32.

崔栄繁（2008）「第8章　自立生活」長瀬修他編『障害者の権利条約と日本：概要と展望』生活書院, 185-205.

栄セツコ（2004）「精神科ソーシャルワーカーのエンパワーメントアプローチに基づく精神保健福祉実践活動――アドボカシーの視点から」『桃山学院大学社会学論集』38（1）, 85-100.

笹川吉彦（2009）「社会保障審議会障害者部会の改革を望む」『ノーマライゼーション　障害者の福祉』7月号, 16-17.

佐藤郁哉（2008）『質的データ分析法：原理・方法・実践』新曜社．

Shilton, Trevor (2016)「非感染性疾患予防に向けたアドボカシー――日本におけるキャパシティ・ビルディング」『日本健康教育学会誌』第24巻第2号, 110-117.

Smart Recovery Australia (2019). https://smartrecoveryaustralia.com.au/［2019.6.3.アクセス］

鈴木孝幸（2009）「厚生労働省労働政策審議会障害者雇用分科会に参加して」『ノーマライゼーション　障害者の福祉』7月号, 18-19.

田垣正晋（2006）「市町村障害者計画策定のあり方―― 3つの市における策定委員の経験からの提言」『ソーシャルワーク研究』Vol.32, 132-140.

竹端寛（2008）「精神保健政策の変容——カリフォルニア州における精神保健政策の分析をもとに」『福祉社会学研究』5, 87-103.

竹端寛（2011）「NPOのアドボカシー機能の「小さな制度」化とその課題——精神医療分野のNPOの事例分析をもとに」『The Nonprofit Review』Vol.11, 33-43.

竹内政治（2009）「さいたま市障害者職業能力開発推進会議に参加して」『ノーマライゼーション　障害者の福祉』7月号, 22-23.

田中陽子・光増昌久（2009）「政策決定への参画——北海道の知的障害者の場合」『ノーマライゼーション　障害者の福祉』7月号, 28-29.

谷内孝行（2000）「『『障害』の枠を超えた相互理解を目指す実践——障害者計画をめぐる『当事者』活動報告」『東洋大学大学院紀要』37, 425-446.

栃本一三郎（2002）「福祉の法律と政治」大森彌・松村祥子編著『改訂版　福祉政策Ⅰ　福祉政策の形成と実施』日本放送出版協会

東京都地方精神衛生審議会（1982）「精神障害者社会復帰医療対策の基本的あり方と東京都の役割について」『月刊福祉』65（6）, 80-91.

植木淳（2015）「ADAの裁判的実現」『ノーマライゼーション　障害者の福祉』7月号, 14-17.

上野武治（2004）「精神障害当事者運動の意義」『精神障害とリハビリテーション』8（2）, 126-133.

植野圭哉（2009）「丁々発止の議論に参加して」『ノーマライゼーション　障害者の福祉』7月号, 24-25.

US.Code Title42 Chapter6A PartB Subpart i 300X-3 Mental Health Planning Council. https://www.law.cornell.edu/uscode/text/42/300x%E2%80%933［2019.5.15.アクセス］

我妻武（2009）「北海道障害者条例成立に関する取り組み」『ノーマライゼーション　障害者の福祉』7月号, 20-21.

Way-ahead Mental Health Association NSW (2019). https://wayahead.org.au/［2019.6.3.アクセス］

World Health Organization (1998). Health Promotion Glossary. Geneva, Switzerland : WHO.

World Health Organization (2013). *Mental health action plan 2013-2020*.World Health Organization（『日本語版：（独）国立精神・神経医療研究センター精神保健研究所自殺予防総合対策センター（2014）メンタルヘルスアクションプラン』2013-2020. 1-52.

山崎公士（2012）「障害者政策の形成・実施と当事者参画——障害政策委員会に期待するもの」『ノーマライゼーション　障害者の福祉』1月号, 10-13.

吉池毅志（2011）「精神科ソーシャルワークとアドボカシー実践（1）——所属機関内アドボカシーの限界性」『大阪人間科学大学紀要』(10), 55-68.

吉池毅志（2015）「2015年5月9日 30周年シンポジウム　精神科病院への訪問活動から考える——権利擁護のこれから」認定NPO法人大阪精神医療人権センター『権利擁護と精神医療——精神科病院への訪問活動から考える』（DVD）

吉川かおり（2009）「政策決定過程における当事者参加の意義」『ノーマライゼーション　障害者の福祉』7月号, 10-12.

YPS横浜ピアスタッフ協会：http://yokohama-peers.simdif.com/［2016.11.20.アクセス］

参考文献

相川章子（2011）「北米におけるピアスペシャリストの動向と課題」『ソーシャルワーク研究』Vol.37, No.3, 27-38.
Being (2019). Our History
　http://being.org.au/about/our-history/ [2019.3.6.アクセス]
Being (2019). Training
　being.org.au/whatwedo/training/ [2019.3.6.アクセス]
Browne, G., Hermsley, M. (2008) Consumer participation in mental health in Australia: what progress is being made? *Australasian Psychiatry*, Vol.16, No.6, 446-449.
Chambarin, J. (1977). On Our Own. 中田智恵海監訳（1996）『精神病者自らの手で——今までの保健・医療・福祉に代わる試み』解放出版社．
千葉理恵・宮本有紀・川上憲人（2011）「地域で生活する精神疾患を持つ人のピアサポート経験の有無によるリカバリーの比較」『精神科看護』Vol.38, No.2, 48-54.
道明章乃・大島巌（2011）「精神障害者退院促進支援プログラムの効果モデル形成に向けた「効果的援助要素」の検討——全国18事業所における1年間の試行的介入評価研究の結果から」」『社会福祉学』第52巻第2号, 107-120.
遠藤美貴（2007）「知的障害をもつ人の政策立案への参加・参画を可能にする支援のあり方に関する一考察——国立市第三次地域保健福祉計画策定過程の実態から」『社会文化研究』105-117.
福島喜代子（2010）「精神保健福祉サービスにおけるピア・サポートの位置づけと米国ハワイ州におけるピア提供サービスの概要」『精神障害とリハビリテーション』14 (1), 90-96.
古屋龍太（2010）「退院・地域移行支援の現在・過去・未来——長期入院患者の地域移行は，いかにして可能か（特集退院・地域移行支援の現在）」『精神医療』第4次 (57), 8-22.
Goffman, E. (1961). *Asylums : Essays on the Social Situation of Mental Patients and Other Inmates.* 石黒毅訳（1984）『アサイラム——施設被収容者の日常生活』誠信書房．
蜂矢英彦（1983）「精神障害者の社会復帰対策に果たすべき行政の役割——東京都地方精神衛生審議会答申の意味するもの」『障害者問題研究』33, 22-32.
半澤節子（2001）『当事者に学ぶ精神障害者のセルフヘルプ——グループと専門職の支援』やどかり出版．
平成17年度厚生労働科学研究費補助金（こころの健康科学研究事業）（2006）『精神保健の知識と理解に関する日豪比較共同研究分担研究報告書』
平成18年度厚生労働科学研究費補助金障害保険福祉総合研究推進事業報告書（2007）『オーストラリアおよび近隣諸国における精神保健システム』
東俊裕監修, DPI日本会議編集（2007）『障害者の権利条約でこう変わるQ&A』解放出版社, 1-149.
広田和子（2015）「精神医療サバイバー」〈http://www.yuki-enishi.com/enishi/enishi-2003-02.2.html〉[2015/11/6アクセス]
北海道（2006）『北海道精神障害者退院促進支援事業報告書』
北海道（2006）『北海道精神障害者地域生活支援事業の概要』
北海道保健福祉部福祉局障がい者保健福祉課（2016）「北海道精神保健福祉審議会委員の公募について」[2016.5.16アクセス]

位田浩（2018）「『精神科病院に入院中の人々のための権利擁護の実現に向けて』開催報告基調講演①大阪精神医療人権センターによる権利擁護活動を全国へ．精神科病院に入院中の方のための権利擁護の拡充に向けて――大阪精神医療人権センター33周年記念活動報告書」『認定NPO法人大阪精神医療人権センター』11-16.

今井照（2010）「特集「民意」とは何か――変わる政策決定のかたち　審議会システムと『民意』」『生活経済政策』No166, 18-22.

伊勢田堯・増田一世・氏家憲章（2018）「ベルギーの精神保健改革視察報告」『精神障害とリハビリテーション』Vol.22, No.2, 171-177.

石川到覚・久保紘章編（1998）『セルフヘルプ・グループ活動の実際――当事者・家族のインタビューから』中央法規．

岩崎香（2010）『人権を擁護するソーシャルワーカーの役割と機能――精神保健福祉領域における実践課程を通して』中央法規．

岩田正美（2008）『社会的排除参加の欠如・不確かな帰属』有斐閣．

岩田泰夫（2010）『セルフヘルプ運動と新しいソーシャルワーク実践』中央法規．

自治実務セミナー　自治体コモンズ．付属機関の役割と問題点．
　　http://commons.e-reikiclub.jp/jcoms/MntpHome;jsessionid=91C60CC9F730B2F7594D7ECDE43FA934?themeId=201507[2019.6.3.アクセス］

Johnstone, David. (2001). *An Introduction to Disability Studies (Second Edition)*. 小川喜道・於保真理・曽根原純　他訳（2008）『障害学入門――福祉・医療分野にかかわる人のために』明石書店．

金子絵里乃（2009）『ささえあうグリーフケア――小児がんで子どもを亡くした15人の母親のライフ・ストーリー』ミネルヴァ書房．

柏倉秀克（2005）「障害者地域生活支援センターにおける"ピア・サポート"に関する一考察――名古屋市M区障害者地域生活支援センターの中途視覚障害者相談記録の調査分析から」『社会福祉学』第46巻第1号, 86-95.

加藤真規子（2005）「当事者出身のソーシャルワーカーの可能性と課題」『桃山学院大学社会学論集』第39巻第1号, 125-151.

加藤真規子（2009）『精神障害のある人々の自立生活――当事者ソーシャルワーカーの可能性』現代書館．

Katz, A. H. (1993). Self-Help in America. 久保紘章監訳（1997）『セルフヘルプ・グループ』岩崎学術出版．

川島聡・長瀬修訳（2012）「障害のある人の権利に関する条約　条文見出し一覧」長瀬修他編　『障害者の権利条約と日本：概要と展望』生活書院, 208-297.

香山明美（2007）「オーストラリアの精神保健事情視察研修報告」『精神障害とリハビリテーション』Vol.11, No.2. 178-182.

木口恵美子（2013）「オーストラリアNSW州の障害者福祉の動向：ダイレクト・ペイメント制度化に向けて」『現代社会研究』11, 199-207.

小泉隆文・丸山晃・志村健一（2016）「当事者活動とセルフ・アドボカシー」『ソーシャルワーク研究』Vol.42, No.3, 56-60.

国際連合（1997）「障害をもつ人びとの機会均等化に関する基準原則（国連総会決議48/96 1993年12月20日)」中野善達編『国際連合と障害者問題――重要関連決議文書集』エンパワメント研究所, 151-183.

越田崇夫訳（2002）「3. 連邦諮問委員会方　合衆国法典　第5編　政府の組織および職員　補

遺　連邦諮問委員会法」『外国の立法』213, 41-47.
公益社団法人全国精神保健福司会連合会（みんなねっと）事務局（2013）『2012（H24）年度「家族会」全国調査』1-105.
厚生労働省（2003）「精神障害者退院促進支援事業の実施について（平成15年5月7日）」『我が国の精神保健福祉平成23年度版（2011）』太陽美術, 506-509.
厚生労働省（2009）「精神保健医療福祉の更なる改革に向けて　今後の精神保健医療福祉のあり方等に関する検討会」1-59.
厚生労働省（2012）「相談支援の充実等について（平成24年1月13日）」1-15.
厚生労働省精神保健福祉対策本部（2004）「精神保健医療福祉の改革ビジョン（概要）」1-44.
高良麻子（2013）「日本の社会福祉士によるソーシャル・アクションの認識と実践」『社会福祉学』第53巻第4号, 42-53.
黒田研二（2001）「スティグマの克服にむけて——大阪府精神保健福祉審議会における論議を中心に」『社会問題研究』第50巻第2号, 87-119.
松井亮輔・川島聡（2010）『概説　障害者権利条約』法律文化社.
松本真由美（2016-1）「地方精神保健福祉審議会への精神障害当事者委員の参画に関する調査報告」『精神障害とリハビリテーション』20 (2), 192-200.
松本真由美（2016-2）「地方精神保健福祉審議会における当事者委員の役割——地方精神保健福祉審議会議事録の分析から」『北海道地域福祉研究』第19巻, 15-26.
松本真由美（2017）「地方精神保健福祉審議会における当事者委員の参画——当事者委員の参画がない都道府県・政令指定都市の分析」『第31回日本地域福祉学会松山大会　配布資料』
Mental Health Commission of NSW (2019). Community Advisory Council-Terms of Reference
https://nswmentalhealthcommission.com.au/about/community-advisory-council/community-advisory-council-terms-of-reference［2019.6.3. アクセス］
Mental Health Commission of NSW (2019). Deputy Commissioners
https://nswmentalhealthcommission.com.au/our-people/deputy-commissioners［2019.6.3. アクセス］
Mental Health Commission of NSW (2019). Establishment
https://nswmentalhealthcommission.com.au/about/foundations［2019.6.3. アクセス］
Mental Health Commission of NSW (2019). History
https://nswmentalhealthcommission.com.au/about/foundations/history［2019.6.3. アクセス］
Mental Health Commission of NSW (2019). Reform-the story so far
https://nswmentalhealthcommission.com.au/reform-the-story-so-fa［2019.6.3. アクセス］
メンタルヘルスマガジン「心の元気＋」編集部（2011）『メンタルヘルス相談室』特定非営利活動法人地域精神保健福祉機構（コンボ）.
三田優子（2012）「総合福祉法は精神障害をいかに位置づけようとしたのか」『精神医療』No. 67, 89-99.
宮岸真澄（2007）「すみれ会の活動（特集セルフヘルプ活動から学ぶ）」『精神障害とリハビリテーション』11 (1), 16-20, 2007
盛上真美（2015）「ADA25周年を祝う＝障害者人権運動を祝う」『ノーマライゼーション　障害者の福祉』7月号, 10-13.
椋野美智子（2012）「時事評論　障害者総合支援法と当事者参画」『週刊社会保障』No.2692,

36-37.

長瀬修（2013）「障害者の権利条約実施――批准後の取組み」『季刊福祉労働』第141号, 78-87.

長瀬修・東俊裕・川島聡（2008）『障害者の権利条約と日本　概要と展望』生活書院, 1-307.

永田祐（2007）「近隣ガバナンスへのコミュニティの参画と能力形成――イングランドにおけるコミュニティ・ニューディール（New Deal for Communities）の事例から」『地域福祉研究』No.35, 12-26.

内閣府（2012）「障害者政策委員会第3小委員会（第2回）資料4：論点③【28条②】公的活動への障害者の参画の拡大（審議会委員への登用の促進等）についての意見」http://www8.cao.go.jp/shougai/suishin/seisaku_iinkai/s_2/3/pdf/s4.pdf. [2016-03-15 参照]

中西正司（2015）「ADAが日本の障害分野に与えた影響」『ノーマライゼーション　障害者の福祉』7月号, 22-25.

認定NPO法人大阪精神医療人権センター（2018）『精神科病院に入院中の方のための権利擁護の拡充に向けて――大阪精神医療人権センター33周年記念活動報告書』1-160.

NPO法人大阪精神医療人権センター（2010）『扉よひらけ⑥大阪精神科病院事情ありのまま』

大熊一夫（2009）『精神病院を捨てたイタリア捨てない日本』岩波書店.

大阪府（2003）「大阪府自立支援促進会議・退院促進事業報告書――3年間のまとめ」1-37.

大阪府（2009）「地域精神保健福祉活動事例集8」

大阪府（2012）「ピアの「力」――大阪府精神障がい者退院促進ピアサポーター事業」

Pelka, Fred (1997). The ABC-CLIO Companion to the Disability Rights Movement. 中村満紀男・二文字理明・岡田英己子訳（2015）『障害者権利擁護運動事典』明石書店.

リカバリーを生きる人々（2016）『わたしと統合失調症――26人の当事者が語る発祥のトリガー』中央法規.

崔栄繁（2010）「障がい者制度改革推進会議――当事者参加と運営」『ノーマライゼーション』9月号, 32-35.

栄セツコ（2007）「精神病院から街に出たセルフヘルプ活動：オーストラリアのCANから学ぶ」『精神障害とリハビリテーション』Vol.11, No.1, 25-28.

佐藤竺監修（2009）『市民のための地方自治入門サービスの受け手から自治の担い手へ[新訂版]』実務教育出版.

佐藤久夫ゼミ（2009）「自主企画分科会　市町村障害福祉計画への障害当事者参加を考える――参加体験報告を中心に（[日本社会事業大学社会福祉学会]第47回社会福祉研究大会報告）――（各分科会からの報告）」『社会事業研究』48号, 147-152.

精神保健福祉審議会議事録：愛知県．（以下、直近に開催された審議会の議事録をホームページから確認できる）
　https://www.pref.aichi.jp/soshiki/shogai/shingikai-gijiroku-29-2.html

精神保健福祉審議会議事録：千葉県．
　read:https://ww w.pref.chiba.lg.jp/shoufuku/shingikai/seishin/kaigikekka.htmlmita

精神保健福祉審議会議事録：千葉市．
　https://www.city.chiba.jp/hokenfukushi/koreishogai/seishin/seisinhoken-singikai.html

精神保健福祉審議会議事録：福岡県．
　www.pref.fukuoka.lg.jp/contents/fukuokakenseishinhokenfukushishingikai.html

精神保健福祉審議会議事録：群馬県．　https://www.pref.gunma.jp/02/d4200339.html

精神保健福祉審議会議事録：浜松市．

https://www.city.hamamatsu.shizuoka.jp/syoghuku/conference/record/20180228.html
精神保健福祉審議会議事録：北海道.
　http://www.pref.hokkaido.lg.jp/hf/shf/chihou_seishinhokenfukushi_shingikai-top.htm
精神保健福祉審議会議事録：福岡市.
　www.city.fukuoka.lg.jp/data/open/cnt/3/9633/1/dai3soukaigijiroku.pdf?201903291306
精神保健福祉審議会議事録：神奈川県.
　www.pref.kanagawa.jp/docs/nf5/cnt/f7251/h29-singikai-kekka-2nd.html
精神保健福祉審議会議事録：北九州市.
　https://www.city.kitakyushu.lg.jp/ho-huku/32100001_00026.html
精神保健福祉審議会議事録：熊本県.
　https://www.pref.kumamoto.jp/kiji_21145.html
精神保健福祉審議会議事録：熊本市.
　https://www.city.kumamoto.jp/hpKiji/pub/detail.aspx?c_id=5&id=2663&class_set_id=2&class_id=400
精神保健福祉審議会議事録：長野県.
　https://www.pref.nagano.lg.jp/hokenshippei/kensei/soshiki/shingikai/ichiran/seishinhoken.html
精神保健福祉審議会議事録：新潟県.
　http://www.pref.niigata.lg.jp/shougaifukushi/1356913231079.html
精神保健福祉審議会議事録：新潟市.
　http://www.city.niigata.lg.jp/smph/shisei/gyoseiunei/sonota/fuzokukikankonwakai/fuzokukikan/sechikikan/hokeneisei/kokoro/seishinhoken.html
精神保健福祉審議会議事録: 岡山市.
　www.city.okayama.jp/hofuku/hokenkanri/hokenkanri_00166.html
精神保健福祉審議会議事録：大阪府.
　www.pref.osaka.lg.jp/chikikansen/seisinkaigi/seishinshingikai.html
精神保健福祉審議会議事録：相模原市.
　www.city.sagamihara.kanagawa.jp/shisei/shikumi/1005653/1005678.html
精神保健福祉審議会議事録：堺市.
　https://www.city.sakai.lg.jp/shisei/gyosei/shingikai/kenkofukushikyoku/kenkobu/seishinhokenfukushi/gaiyo.files/30.gijiroku.pdf#search=%27%E5%A0%BA%E5%B8%82+%E7%B2%BE%E7%A5%9E%E4%BF%9D%E5%81%A5%E7%A6%8F%E7%A5%89%E5%AF%A9%E8%AD%B0%E4%BC%9A+%E8%AD%B0%E4%BA%8B%E9%8C%B2%27
精神保健福祉審議会議事録：埼玉県.
　https://www.pref.saitama.lg.jp/a0705/seisin/seisinhokenhukusisingikai.html
精神保健福祉審議会議事録：仙台市.
　www.city.sendai.jp/shogaihoken/shise/security/kokai/fuzoku/fuzokukikan/kenko/seshin/index.html
精神保健福祉審議会議事録: 静岡市. www.city.shizuoka.jp/861_000037.html
精神保健福祉審議会議事録：徳島県.
　https://www.pref.tokushima.lg.jp/kenseijoho/kenseisogo/shingikai/chijibukyoku/5001150/
精神保健福祉審議会議事録:山梨県.
　https://www.pref.yamanashi.jp/shogaifks/documents/gaiyou_4.pdf#search=%27%E5%B1

%B1%E6%A2%A8+%E7%B2%BE%E7%A5%9E%E4%BF%9D%E5%81%A5%E7%A6%8F
%E7%A5%89%E5%AF%A9%E8%AD%B0%E4%BC%9A+%E8%AD%B0%E4%BA%8B%E
9%8C%B2%27okaya
精神保健福祉審議会議事録：横浜市．
https://www.city.yokohama.lg.jp/kurashi/fukushikaigo/fukushi/shingikai/seisinsingi.html
瀬山紀子・尾上浩二・茨木尚子 他（2014）「特集Ⅰ大会シンポジウム　政策形成における「当事者参画」の経験と課題」『障害学研究』第10号, 7-48.
社会福祉法人JHC板橋（2009）「クラブハウスモデルによる精神障害者の自助活動実践と地域活動支援センターにおけるピアサポート活動の比較研究」『平成21年度厚生労働省障害者保健福祉推進事業報告書』
新藤宗幸（1990）「議会制と『審議会政治』」『ジュリスト』No.955, 152-156.
Solomon, P. (2004). Peer Support/Peer Provided Services Underlying Processes, Benefits, and Critical Ingredients. *Psychiatric Rehabilitation Journal*, Vol.27, N0.4, 392-401.
Solomon, P.（2007）「講演会：当事者運営サービスを、科学的根拠に基づく実践（EBP）に発展させるための研究的課題」と「サービス提供者としての精神障害当事者——日本でこの視点を導入することの重要性と展望」講演資料より」
杉山章子（2002）「医療における実践モデル考：「医学モデル」から「生活モデル」へ」『日本福祉大学社会福祉論集』107, 61-71.
すみれ会（2010）「すみれ会40周年記念誌　HSKどっこい俺らも生きているパート4」『すみれ会便り臨時増刊号』
竹端寛（2006）「カリフォルニア州における精神障害者への権利擁護の実情（上）」『季刊福祉労働』110, 142-147.
竹端寛（2006）「カリフォルニア州における精神障害者への権利擁護の実情（下）——情報公開で隔離・拘束が減った！」『季刊福祉労働』111, 157-162.
竹端寛（2008）「精神保健政策の変容——カリフォルニア州における精神保健政策の分析をもとに」『福祉社会学研究』5, 87-103.
竹端寛（2013）『権利擁護が支援を変える　セルフアドボカシーから虐待防止まで』現代書館, 1-234.
竹端寛（2014）「特集：排除・差別と向き合う社会福祉——専門職としての省察《各論》当事者主体の権利形成・獲得支援」『社会福祉研究』第121号, 53-59.
竹端寛（2009）「福祉行政職員のエンパワメント研修——障がい福祉計画作成に向けた交渉調整型研修の試みより」『山梨学院大学法学論集』63, 276-318.
田中英樹（2001）「精神障害者の地域生活支援——統合的生活モデルとコミュニティーソーシャルワーク」『中央法規』
寺谷隆子（2008）『精神障害者の相互支援システムの展開——あたたかいまちづくり・心の樹「JHC板橋」』中央法規．
特定非営利活動法人全国精神障害者団体連合会（2011）「厚生労働省交渉の経過. 2011年5月16日」
東京都地方精神衛生審議会（1982）「精神障害者社会復帰医療対策の基本的あり方と東京都の役割について」『月刊福祉』65（6）, 80-91.
上田敏（2010）「第8章　リハビリテーション」松井亮輔・川島聡編『概説障害者権利条約』法律文化社, 111-129.
植田俊幸（2009）「オーストラリアの動向」『精神障害とリハビリテーション』Vol.13, No.1,

30-34.

植木淳（2015）「ADAの裁判的実現」『ノーマライゼーション　障害者の福祉』7月号, 14-17.

山本深雪・竹端寛（2004）「変わらない現場と変革の可能性――大阪の精神医療オンブズマン制度発足に至る取り組みの中で」『病院・地域精神医学』46巻4号, 400-403.

山崎喜比古・三田優子（1990）「セルフ・ヘルプ・グループに関する理論および論点の整理と考察」『保健医療社会学論集』第1号, 76-87.

柳尚夫（2012）「保健所に求められる地域精神保健における新しい役割：地域移行・地域定着からアウトリーチまで（特集　精神障害者の地域移行からアウトリーチまで）」『保健師ジャーナル』68（4）, 273-280.

米島健二・米島奈津子（2005）『精神再生者』NPO法人ウエンディ.

吉池毅志（2012）「精神科ソーシャルワークとアドボカシー実践（2）――所属機関外アドボカシーへの「場のシフト」による可能性」『大阪人間科学大学紀要』（11）, 59-66.

全国精神障害者団体連合会準備会（財）全国精神障害者家族会連合会（1993）『こころの病――私たち100人の体験』中央法規.

調　査　票（2015年度実施）

ご記入年月日＿＿＿＿＿＿＿＿　ご記入者名＿＿＿＿＿＿＿＿＿

連絡先アドレス＿＿＿＿＿＿＿＿＿＿＿＿＿＿＿＿＿＿＿＿＿

平成26（2014）年度についてご回答ください。選択肢があるものは複数回答が可能です。

ご回答により貴都道府県・貴政令指定都市が不利益をこうむることがないよう十分配慮いたします。また、貴都道府県・貴政令指定都市の良し悪しを判断するものではありませんので、率直にご回答ください。

1.地方精神保健福祉審議会(以下、審議会)設置の有無

　①［設置あり・設置なし］

　②設置なしの場合、その理由

　　　［他の会議で代用できるため、法律改正で必置ではなくなったため、

その他：＿＿＿＿＿＿＿＿＿＿＿＿＿＿＿＿＿＿＿＿＿＿＿＿＿＿＿＿＿＿＿＿］

2.審議会開催の有無

　①［開催あり・開催なし］　②開催ありの場合の開催回数　年に［1回、2回、3回、その他：＿＿］

　③開催なしの場合、その理由

　　　［議題がない、何年も開催してこなかった、

その他：＿＿＿＿＿＿＿＿＿＿＿＿＿＿＿＿＿＿＿＿＿＿＿＿＿＿＿＿＿＿＿＿］

3.審議会の開催がある場合の委員構成

委員種	学識経験者	精神医療従事者	社会復帰事業者	当事者委員	家族委員	その他	全数
人数	名	名	名	名	名	名	名

当事者委員の所属先：＿＿＿＿＿＿＿＿＿＿＿＿＿＿＿＿＿＿＿＿＿＿＿＿＿＿＿＿

当事者の家族委員の所属先：＿＿＿＿＿＿＿＿＿＿＿＿＿＿＿＿＿＿＿＿＿＿＿＿

以下は、当事者委員の委嘱がある都道府県・政令指定都市の場合、ご回答ください。

4.当事者委員を委嘱した理由

［当事者の体験の共有、福祉サービスの利用者の意見を得る、他の障害者関連の会議に倣った、委嘱に適する人材がいた、知事や市長等の方針として実施した、

その他：＿＿＿＿＿＿＿＿＿＿＿＿＿＿＿＿＿＿＿＿＿＿＿＿＿＿＿＿＿＿＿］

5.当事者委員への期待の有無

［ある・特にない］

ある場合の具体的な内容：［当事者の立場からの発言、議案についての理解、新しい論点の指摘、福祉の法律や制度に関する理解、積極的な発言、

その他：＿＿＿＿＿＿＿＿＿＿＿＿＿＿＿＿＿＿＿＿＿＿＿＿＿＿＿＿＿＿＿］

6.当事者委員のための合理的配慮の有無

　　［合理的配慮を行っている・特に行っていない］

　　行っている場合の具体的な内容：［審議内容についての事前説明、緊張の低減を図る、当事者委員　複

数参加、発言の機会の設定、開催日時の配慮、

その他：_____］

7.当事者委員の参加に関する肯定的評価の有無

　　［ある・特にない］

　　ある場合の具体的な内容：［審議会全体の活性化、精神に障害のある人に対する理解の促進、

専門職・行政職とは異なる視点の提供、

その他：_____］

8.当事者委員の参加に関する懸念の有無

　　［ある・特にない］

　　ある場合の具体的な内容：［体調不良が生じる可能性、偏った主張、能力不足、

その他：_____］

9.今後、当事者委員増員の予定の有無。

　　［ある・ない］

　　ある場合の具体的な理由：［多様な精神障害者の参加の必要性、専門職・行政職との対等な力

関係の維持、その他：＿＿＿＿＿＿＿＿＿＿＿＿＿＿＿＿＿＿＿＿＿＿＿＿＿＿＿＿＿＿＿］

以下は、当事者委員の委嘱がない都道府県・政令指定都市の場合、ご回答ください。

10.当事者委員の委嘱が難しい理由

［条例の参加要件に当事者委員に該当する記載がない、委嘱する団体等の大枠があり当事者委員が参入する余地がない、家族委員の参加で代用できる、当事者選択の公平性が担保できない、当事者に依頼したが断られた、適する人材がいない、参加に必要な費用や支援が保障できない、

その他：＿＿＿＿＿＿＿＿＿＿＿＿＿＿＿＿＿＿＿＿＿＿＿＿＿＿＿＿＿＿＿＿＿＿＿＿＿＿＿］

11.今後の当事者委員の委嘱予定の有無

　　［ある・ない］

　　ある場合の具体的な時期：＿＿＿＿＿＿＿年頃を予定。

審議会全般についてお尋ねします。ご回答ください。

12.行政職員としての各審議会委員への期待の有無

　　［ある・特にない］

　　ある場合の具体的な内容：［各々の立場からの発言、議案についての理解、新しい論点の指摘、福祉の法律や制度に関する理解、積極的な発言、その他：＿＿＿＿＿＿＿＿＿＿＿＿＿＿＿＿＿＿＿］

13.貴都道府県・貴政令指定都市の審議会は活発な審議が行われますか。

　　［どちらかというとそうである・どちらともいえない・どちらかというと審議までは至らない、

その理由：[_____]

14.活発な審議が進むために行政職員のみなさまが各審議会委員に対し、どのような働きかけをしていますか（しましたか）。

[_____]

15.行政職員のみなさまが審議会において果たす役割はどのようなことですか。

[_____]

16.審議会の形骸化批判について

　　[形骸化の傾向があると思う・どちらともいえない・形骸化とは言えない

その理由：[_____]

お忙しい中、ご協力いただきありがとうございます。

なお、ご不明な点がありましたら下記まで遠慮なくご連絡ください。また、ご記入内容に関しこちら

からご担当者さまに連絡を取らせていただく場合がありますが、お名前を何かに公表することはありません。

連絡先：011-885-7711（大学代表電話）

m_matsumoto@nihoniryo-c.ac.jp

日本医療大学　松本真由美

調　査　票（2018 年度実施）

ご記入年月日_____　ご記入者名_____　ご所属_____

連絡先メールアドレス_____

連絡先電話番号_____

　平成 29（2017）年度についてご回答ください。ご回答により貴都道府県・貴政令指定都市が不利益を被ることがないよう十分配慮いたします。また、貴都道府県・貴政令指定都市の良し悪しを評価するものではありませんので、率直にご回答ください。

1.地方精神保健福祉審議会（以下、審議会）設置の有無

　①［設置あり・設置なし］

　②設置なしの場合、その理由

　　［他の会議で代用できるため、法律改正で必置ではなくなったため、その他：_____］

　③他の会議で代用の場合の会議名：_____、_____

　④上記会議の管轄部署名：_____、_____

2.審議会開催の有無

　①［開催あり・開催なし］

　②開催ありの場合の開催回数　　通常、年に［1 回、2 回、3 回、その他：_____］

③開催なしの場合、その理由

　　［議題がない、何年も開催してこなかった、その他：＿＿＿＿＿＿＿＿＿＿＿＿＿＿＿＿＿＿＿］

3. 審議会の開催がある場合の委員構成

委員種	学識経験者	精神医療従事者	社会復帰事業者	当事者委員	家族委員	その他	全数
人数	名	名	名	名	名	名	名

「当事者」とは精神疾患の経験のある人々、「家族」とは当事者のご家族とお考えください。

①当事者委員の所属先：＿＿＿＿＿＿＿＿＿＿＿＿＿＿＿＿＿＿＿＿＿＿＿＿＿＿＿＿＿＿＿

②家族委員の所属先：＿＿＿＿＿＿＿＿＿＿＿＿＿＿＿＿＿＿＿＿＿＿＿＿＿＿＿＿＿＿＿＿

③差支えなければ委員名簿をご提供ください。

4. 貴都道府県・貴政令指定都市の各種会議や部会で精神障害当事者委員を委嘱している会議や部会はありますか。

　　［はい・いいえ］

5. 「はい」の場合、会議名と管轄部署名をお教えください。

　　①会議名：＿＿＿＿＿＿＿＿＿＿＿＿＿＿、＿＿＿＿＿＿＿＿＿＿＿＿＿＿、＿＿＿＿＿＿＿＿＿＿＿＿＿＿

　　②管轄部署名：＿＿＿＿＿＿＿＿＿＿＿＿＿＿、＿＿＿＿＿＿＿＿＿＿＿＿＿＿、＿＿＿＿＿＿＿＿＿＿＿＿＿＿

6. 当事者自身から行政の会議に参画したいという声を聞いたことがありますか。

　　［はい・いいえ］

7. 貴都道府県、あるいは、貴政令指定都市にある当事者団体について把握していますか。

　① ［はい・いいえ］

　②「はい」の場合、代表的な当事者団体名をお教えいただけますか。

　当事者団体名：＿＿＿＿＿＿＿＿＿＿＿＿＿＿＿＿＿＿＿＿＿＿＿＿＿＿＿＿＿＿＿＿＿＿＿＿＿

8. 当事者の意見を聴く機会はありますか（該当するものすべてに○をお願いします）。

　・当事者と顔の見える関係があり、意見を聴く機会がある。

　・ピアサポート養成等でピアサポーターと面識があり、意見を聴く機会がある。

　・意見交換会等当事者らの意見を聴く機会を設けている。

　・当事者の意見を求めたい時に質問紙や参考意見の聞き取り等の調査に協力を得ることがある。

　・審議会以外の会議に当事者が委員として参画している。

　・審議会以外の会議の本会議ではなく、作業部会等のメンバーとして当事者が参画している。

　・当事者の意見を聴く機会がない。

　・その他：＿＿＿＿＿＿＿＿＿＿＿＿＿＿＿＿＿＿＿＿＿＿＿＿＿＿＿＿＿＿＿＿＿＿

9. 審議会委員の一部を公募で選出していますか。

　① ［はい・いいえ］

　②「はい」の場合、当事者の応募はありましたか。

　③「いいえ」の場合、公募制を導入しない理由をお教えください。

　理由：＿＿＿＿＿＿＿＿＿＿＿＿＿＿＿＿＿＿＿＿＿＿＿＿＿＿＿＿＿＿＿＿＿＿＿＿＿＿

10.家族委員の委嘱がない場合、その理由をお教えください。

　　　理由［＿＿＿＿＿＿＿＿＿＿＿＿＿＿＿＿＿＿＿＿＿＿＿＿＿＿＿＿＿＿＿］

11.ご所属の部署に専門職（精神保健福祉士、保健師等）の配置はありますか。

　①［はい・いいえ］

　②「はい」の場合、専門職と行政職の人数比は何対何ですか。

　　　およそ　＿＿＿＿対＿＿＿＿

以下は、当事者委員の委嘱がある都道府県・政令指定都市の場合に、ご回答ください。

12.当事者委員を委嘱した理由

　［当事者の体験の共有、福祉サービスの利用者の意見を得る、他の障害者関連の会議に倣った、委嘱に適する人材がいた、知事や市長等の方針として実施した、その他：＿＿＿＿＿＿＿＿＿＿＿＿＿＿＿＿＿＿］

13.当事者委員への期待の有無

　［ある・特にない］

　ある場合の具体的な内容：［当事者の立場からの発言、議案についての理解、新しい論点の指摘、福祉の法律や制度に関する理解、積極的な発言、その他：＿＿＿＿＿＿＿＿＿＿＿＿＿＿＿＿＿＿］

14.当事者委員の参画に関する肯定的評価の有無

　　［ある・特にない］

　　ある場合の具体的な内容：［審議会全体の活性化、精神に障害のある人に対する理解の促進、

専門職・行政職とは異なる視点の提供、その他：＿＿＿＿＿＿＿＿＿＿＿＿＿＿＿＿＿＿＿＿］

15.今後、当事者委員増員の予定の有無。

　　［ある・ない］

　　①ある場合の具体的な理由：［＿＿＿＿＿＿＿＿＿＿＿＿＿＿＿＿＿＿＿＿＿＿＿＿＿］

　　②ない場合の具体的な理由：［＿＿＿＿＿＿＿＿＿＿＿＿＿＿＿＿＿＿＿＿＿＿＿＿＿］

以下は、当事者委員の委嘱がない都道府県・政令指定都市の場合、ご回答ください。

16.当事者委員を委嘱しない理由

　［＿＿＿＿＿＿＿＿＿＿＿＿＿＿＿＿＿＿＿＿＿＿＿＿＿＿＿＿＿＿＿＿＿＿＿＿＿＿＿］

17.今後の当事者委員の委嘱予定の有無

　　［ある・ない］

　　ある場合の具体的な時期：＿＿＿＿＿＿年頃を予定。

お忙しい中、ご協力いただきありがとうございます。

なお、ご不明な点がありましたら下記までご連絡ください。また、ご記入内容に関し、こちらからご担当者さまに連絡させていただく場合がありますことをご了承くださいませ。

連絡先：011-885-7711（大学代表電話）

m_matsumoto@nihoniryo-c.ac.jp

日本医療大学　松本真由美

おわりに

　現在、様々な反省の思いで「おわりに」を記しています。日本全国の都道府県・政令指定都市、サンフランシスコ、シドニーを巡り歩き、多くの当事者委員、行政担当者の方々にお目にかかりました。一人の研究者の知りたい思いにおつきあいくださったすばらしい方々ばかりでした。その中で、当事者委員として役割を果たしたい思いを強く持ちながらも果たせずに立ち止まっていらっしゃる方々、また、行政担当者として精神疾患のご経験のある方々のお声を大切と認識し、組織の変革の必要を感じながらも具体的な行動に至れない方々との出会いがありました。お一人に負担をかけていることを感じました。個人の努力を越えた次元で、当事者委員の参画とアドボカシー（政策提言）を進めるバックアップが必要と思います。理解者を増やす時が来たと感じます。

　本書は当事者委員の参画とアドボカシー（政策提言）実践の現況分析に留まります。この現況を踏まえ、今後、改善・発展させることが次の課題です。そのヒントは聞き取り調査の対象者さまから教えていただきました。

　本書は2013年に提出した博士論文を土台の一部とし、その後にデータ収集し、書き著したいくつかの論文を再構成したものです。社会福祉学の領域については初学者に等しい著者を導いてくださったのは、指導教授の上野武治先生のお力に負うところが非常に大きいです。また、博士論文の審査にあたり、主査を務めてくださった杉岡直人先生、副査の中村和彦先生、審査委員長の砂子田篤先生には心からお礼を申し上げます。たいへんお忙しい諸先生方がお時間をかけ拙文をお読みくださり、貴重なご助言を賜りましたことで、薄っぺらな論考からわずかばかり進歩することができました。

　また、今に至るまでには3人の恩師との出会いがありました。お一人は大学時代研究のけの字もわからなかった頃、発達心理学の調査についてお教えいただいた故岡宏子先生です。岡先生の講義は学生たちに非常に人気があり、いつもたくさん笑わせてくださり、でも、発達心理学の真髄が常に盛り込まれてい

ました。卒業後のことをご相談した時に、札幌で乳児研究をやりたいならと故三宅和夫先生をご紹介いただきました。

　三宅先生の研究室ではお昼時、乳幼児発達臨床センターの資料室に時間のある教員や、院生、外部教員が集まり、コーヒーを飲みながら雑談するのが常でした。ところが、その雑談のレベルがあまりにも高く、自分は場違いな所に来たと感じ、逃げ出したい思いで、日々を過ごしていました。当時、わが国の最先端を行く乳幼児の社会性の発達に関するコホート2・3の日米縦断研究を実施中でした。非常に大がかりなプロジェクトの中心に三宅先生がいらっしゃり、いくつもの競争的資金を獲得し、颯爽と輝きながらお仕事をなさっていました。

　その後、子育ての時期をはさみ、研究から遠ざかりましたが、精神疾患について考えさせられるできごとがたて続いた時がありました。精神疾患の方々をサポートさせていただくことを生業にしたいと思い、地域活動支援センターに勤務しました。出会った方々は温かく、精神疾患についてわからないことは利用者さんが教えてくださいました。わからない時はご本人たちに聞くという鉄則は利用者さんから学ばせていただきました。

　より理解を深めたいと考え、社会福祉学を学べる大学院で勉学を再開しました。この時に出会ったのが前出の上野先生です。上野先生のご指導は緻密です。文言の一つでも不適切な場合、その理由を説明してくださり、より適切な語を見出すよう促してくださいました。先生は学生の講義にも妥協がなく、毎年講義内容を刷新し、多くの時間を講義準備に充て、先生の徹底ぶりから学ばせていただくことは非常に多かったです。

　ご指導いただいたみなさまと共に、感謝申し上げたいのは、面倒なお願いにも関わらず質問紙調査、聞き取り調査にご協力いただいた全国各地の当事者委員と行政担当者の方々です。質問紙調査には全国のほぼすべての精神保健福祉審議会のご担当者さまにご協力いただきました。聞き取り調査ではこれまで30名以上の当事者委員のみなさまと50名以上の行政担当者の方々にお目にかかりました。多くの場合は一期一会の関わりです。それにも関わらず、非常に丁寧にご回答いただきました。この場でお一人おひとりのお名前をあげ、お礼

を申し上げたいところですが、倫理的配慮の点で控えさせていただきますことをお許しください。

　カリフォルニア州CMNPC担当事務局長のJane Adcock氏は日本びいきの方で大変お世話になりました。また、審議会開催中のあわただしい中、グループインタビューに6名の当事者委員の方々がご協力くださいました。さらに、シドニーのMHCの当事者職員の方々、元NSW審議会委員で現MHC副委員長のTim Heffernan氏、Beingの統括代表とご協力いただいた職員の方には今に至るまで些細な質問にもご回答をお寄せいただき、本当に感謝しております。加えて聞き取り調査時に非常にわかりやすい通訳をしてくださったオーストラリア公認通訳者のShkara正子さんからは医療通訳のご経験から多大なご助言をいただき、心からお礼申し上げます。また、サンフランシスコではファミリーセラピストの高橋健一さんに通訳いただきました。深くお礼を申し上げます。

　精神保健福祉の領域を大学院で学び始めてちょうど10年となります。自分は本当に周りの方々に恵まれたとつくづく感じます。持っている力以上のものを引き出していただいたのは大学院時代の仲間たち、また、職場の教職員のみなさまのおかげです。

　明石書店編集部の神野斉部長には細部に至るまで丁寧にご助言いただき、たいへんお世話になりました。この場を借り、感謝申し上げます。

　最後になりましたが、行き詰った時にも笑いをもたらしてくれる家族に感謝します。

松本　真由美

【著者紹介】

松本　真由美（まつもと　まゆみ）
日本医療大学保健医療学部教授。
北海道札幌市生まれ。聖心女子大学文学部教育学科心理学専攻卒業。北海道大学大学院教育学研究科発達心理学専攻博士前期課程修了。北星学園大学社会福祉学研究科社会福祉学専攻博士後期課程修了。博士（社会福祉学）。
精神保健福祉士、保育士。

精神に障害のある人々の政策への参画
当事者委員が実践するアドボカシー

2019年9月10日　初版第1刷発行

著　者	松　本　真由美	
発行者	大　江　道　雅	
発行所	株式会社　明石書店	
	〒101-0021 東京都千代田区外神田 6-9-5	
	電　話　　03（5818）1171	
	FAX　　　03（5818）1174	
	振　替　　00100-7-24505	
	http://www.akashi.co.jp	

装　丁　　明石書店デザイン室
組　版　　朝日メディアインターナショナル株式会社
印刷・製本　モリモト印刷株式会社

（定価はカバーに表示してあります）　　ISBN978-4-7503-4893-3

JCOPY〈出版者著作権管理機構　委託出版物〉
本書の無断複写は著作権法上での例外を除き禁じられています。複製される場合は、そのつど事前に、出版者著作権管理機構（電話 03-5244-5088、FAX 03-5244-5089、e-mail: info@jcopy.or.jp）の許諾を得てください。

精神障がいのある親に育てられた子どもの語り
困難の理解とリカバリーへの支援

横山恵子、蔭山正子 編著

A5判／並製／224頁
◎2500円

精神障がいのある親に育てられた子どもの存在はようやく知られるようになってきたが、その生活のリアルな体験はほとんど知られていない。本書では、子どものリアルな体験を通し、当事者の困難さを知るとともに、支援の可能性と関係機関の連携の必要性を探っていく。

● 内容構成 ●

第1章　精神障がいのある親に育てられた子どもの体験
精神科治療につながらない親に育てられた子ども／TOPIC＊家族による家族学習会とは／精神科治療につながった親に育てられた子ども／ライフサイクルに基づく子どもの体験の整理［横山恵子］／大人になった子どもの困難とリカバリー［横山恵子］

第2章　精神障がいのある親をもつ子どもへの支援のあり方
母子保健［蔭山正子］／児童相談所［ウエムラカナタ］／精神科医療［横山恵子］／保育園［岡田久実子］／学校［上原美子］／生活保護［長谷部慶章］

終章　これからの展望［横山恵子］

当事者が語る精神障害とのつきあい方
「グッドラック！　統合失調症」と言おう
佐野卓志、森実恵、松永典子、安原荘一、北川剛、下村幸男、ウテナ著
◎1800円

苦しい？楽しい！精神病
もしも「精神病の生きづらさを喜びに変える魔法のランプ」があれば……
森実恵著
◎1800円

アスペルガー症候群の人の就労・職場定着ガイドブック
適切なニーズアセスメントによるコーチング
バーバラ・ビソネット著　梅永雄二監修　石川ミカ訳
◎2200円

子どものうつ病　その診断・治療・予防
トーマス・マーラ著　永田利彦監訳　坂本律訳
◎3000円

うつと不安のマインドフルネス・セルフヘルプブック
人生を積極的に生きるためのDBT〔弁証法的行動療法〕入門
スティーブン・C・ヘイズほか編著　谷晋二監訳　坂本律訳
◎2800円

新版　ソーシャルワーク実践事例集
社会福祉士をめざす人・相談援助に携わる人のために
渋谷哲、山下浩紀編
◎2800円

アクセプタンス&コミットメント・セラピー実践ガイド
ACT理論導入の臨床場面別アプローチ
◎5800円

ソーシャルワーク　人々をエンパワメントする専門職
ブレンダ・デュボイ、カーラ・K・マイリー著　上田洋介訳
◎20000円

〈価格は本体価格です〉

メンタルヘルス不調のある親への育児支援
保健福祉専門職の支援技術と当事者・家族の語りに学ぶ

蔭山正子 著

■A5判／並製／272頁 ◎2500円

児童虐待の原因の一つに親のメンタルヘルス不調がある。本書は、熟練の福祉職や保健師に行ったインタビュー調査をもとに、そうした親への育児支援に関する支援技術を疾患特性を踏まえて解説する。また、支援の受け手となる当事者の体験談もあわせて紹介する。

●構成●
- 序章　支援者が目指すゴール
- 第1章　疾患特性と障がい特性の育児への影響
- 第2章　メンタルヘルス不調のある親への育児支援の方法
- 第3章　育児にまつわる体験談
- 終章　これから必要な育児支援

自閉症スペクトラム"ありのまま"の生活
自分らしく楽しく生きるために
小道モコ、高岡健著
◎1800円

エビデンスに基づく学校メンタルヘルスの実践
自殺、学級崩壊、いじめ、不登校の防止と解消に向けて
長尾圭造編著／三重県医師会学校メンタルヘルス分科会編
◎2500円

当事者と家族からみた障害者虐待の実態
数量的調査が明かす課題と方策
増田公香著
◎3500円

QOLと現代社会
「生活の質」を高める条件を学際的に研究する
猪口孝監修　村山伸子、藤井誠二編著
◎3800円

地図でみる日本の健康・医療・福祉
宮澤仁編著
◎3700円

メンタルヘルスと仕事：誤解と真実
労働市場は心の病気にどう向き合うべきか
OECD編　岡部史信、田中香織訳
◎4600円

図表でみる世界の保健医療
OECDインディケータ（2015年版）
OECD編　鐘ヶ江葉子訳
◎6000円

障害学研究
障害を社会・文化の視点からみる障害学の研究誌
障害学研究編集委員会編集　障害学会発行
【年1回刊】

〈価格は本体価格です〉

精神科病院長期入院患者の地域生活移行プロセス
作られた「長期入院」から退院意思協同形成へ

杉原努 著

■A5判／上製／240頁　◎3200円

精神保健福祉士たちと協同しながら退院への意思を持ち続け、地域生活を実現した過程を詳述。先行研究の整理や精神科医療の現状把握を行いつつ、退院した人たちへの豊富なインタビューの分析を通して、日本の精神科医療と精神保健福祉の今後のあり方を示す。

●内容構成●

第1章　精神科病院長期入院患者に関する問題意識および研究目的
第2章　「希薄な施策の結果」としての長期入院患者
第3章　「観点のある退院支援の必要性」の確認と実践
第4章　M-GTAを使用した研究
第5章　密室の中のディスエンパワメント
第6章　暮らす力を得ていく
第7章　働きかけの強化と構造的変革の必要性

地域に帰る　知的障害者と脱施設化
カナダにおける州立施設トランキルの閉鎖過程

ジョン・ロード、シェリル・ハーン 著　鈴木良 訳

■四六判／並製／384頁　◎2700円

カナダではほぼ全ての知的障害者入所施設が閉鎖されているが、本書は施設閉鎖過程の調査研究であり、脱施設化に関する古典的研究書。日本でも「やまゆり園」事件等で入所施設の問題点が指摘されているが、脱施設化政策・移行支援を考えるための必読書である。

●内容構成●

第1章　序
第2章　支援の欠如と危機――家族が子を施設に入所させるとき
第3章　入所施設における関係者の関わり方
第4章　施設閉鎖宣言――州政府によるコミュニケーションと応答
第5章　他の主要な関係集団による施設閉鎖への反応――入居者、家族、権利擁護者と職員
第6章　連携の局面――各地区における地域開発
第7章　知的障害者本人に焦点を当てる
第8章　資源の開発――多様性、一貫性と交渉
第9章　グレンデール問題――政策と価値の衝突
第10章　家に帰る――環境の変化、心の変化
第11章　地域での生活――一年後
【補遺】
【解題】日本における知的障害者の地域生活移行の支援への示唆

〈価格は本体価格です〉